Franz Bücheler

Grundriss der lateinischen Deklination

Franz Bücheler

Grundriss der lateinischen Deklination

ISBN/EAN: 9783743356429

Hergestellt in Europa, USA, Kanada, Australien, Japan

Cover: Foto ©Thomas Meinert / pixelio.de

Manufactured and distributed by brebook publishing software (www.brebook.com)

Franz Bücheler

Grundriss der lateinischen Deklination

Grundriss

der

lateinischen Declination.

Von

Franz Bücheler.

Leipzig,
Druck und Verlag von B. G. Teubner.
1866.

An Professor Fleckeisen in Dresden.

In Tagen wo zu eingehenderen Arbeiten die nötige Sammlung fehlte, glaubte ich mich nützlich zu machen, wenn ich für ein Capitel der lateinischen Grammatik die aus den Inschriften und der älteren Litteratur gewonnenen Ergebnisse in summarischer Uebersicht zusammenstellte. Obgleich ich hiernach zuvörderst Lehrer und jüngere Philologen im Auge hatte, welche diese Studien selbst zu verfolgen ausser Stande sind, so hegte ich doch gar sehr den Wunsch dass auch Männer wie Du, lieber Freund, und mein einstiger Führer auf diesem Wege, Ritschl, die Blätter lesbar und das wenige Neue richtig finden möchten. Dass ich bei der Auswahl von Beispielen mich vornehmlich an Plautus gehalten habe, wirst Du bei dessen sprachgeschichtlicher Bedeutung gewis billigen, auch wenn wir hinsichtlich der Benutzung dieser Quelle nicht immer übereinstimmen sollten. Das gelehrte Sammelwerk F. Neue's (lat. Formenlehre, erster Theil) war, als ich dies ausarbeitete, noch nicht erschienen. Haec volebam nescius ne esses. vale.

Greifswald im September 1866.

Dein Freund.

Vorbemerkungen.

Die lateinische Sprache decliniert ihre Nomina und Pronomina durch den Antritt gewisser Suffixe, Casusendungen, an den Stamm, die Grundform, wobei der Stamm mit den Suffixen zu éinem Worte verschmolzen wird. Da die Suffixe durchweg die gleichen sind und die Manigfaltigkeit der Declination auf der Verschiedenheit der mit den Suffixen zusammengewachsenen Stämme beruht, so muss jede wissenschaftliche Uebersicht der Declination von den Stämmen ausgehen.

Vergleicht man die Nominative *penus* und *penum* (älter *penos* und *penom*), die Genetive *penūs* und *penoris*, so ersieht man wie die Sprache von der Wurzel *pen* durch Anlehnung an das Gebiet des Vocals *o* oder *u* oder Weiterbildung mit *or* (älter *os*) die im Gebrauch nicht unterschiedenen Nominalstämme *peno penu penos* abgeleitet hat. *itineris* neben dem seltneren *iteris*, *femine* neben *femur* (Plaut. glor. 203. 204), *pecui pecudi pecori* reichen aus den ursprünglichen Reichtum der Sprache in Ausbildung von Wurzeln zu Nominalstämmen zu veranschaulichen. In der historischen Periode der lateinischen Sprache tritt bisweilen eine Art von Rückbildung ein, indem vocalische Grundformen abgeschliffen und durch consonantische ersetzt werden: über den Stamm *ossu* (Nom. Plur. *ossua*) erhält *os* (statt *oss*, da das Latein Doppelung des Consonanten im Auslaut nicht erträgt, Nom. Pl. *ossa*) das Uebergewicht; augusteisches *innocua* wird im Volksmunde verkürzt zu *innoca* (Fabretti inscr. 252, 39) und weiter zu *innoc-s*, das ist *innox*, der gewöhnlichen Schreibung auf christlichen Inschriften. Häufig ist diese Erscheinung bei *e*- und *i*-Stämmen, weil *e* und *i* als die leichtesten Vocale am ersten abfielen. *plebes plebei* und *plebes plebis* folgen der *e*- und *i*-Declination, in *plebs* endet die Grundform consonantisch. *merces* bedeutet 'die Waare' noch bei Petronius sat. 14 gleich *mercis*, *merx* und mit ausgestossenem Guttural (wie in *sescenti*) *mers*. Denselben Uebergang zeigen *stirpes stirpis stirps*, *Opis Ops*, *scrobis scrobs*; namentlich das Wortbildungssuffix *ti* hat den Vocal regelmässig eingebüsst, die plautinischen Formen *Sarsinatis infumatis quoiatis* werden in *Sarsina(t)s infumas quoias* gewandelt, *partis lentis sortis* in *pars lens sors*; die Haltlosigkeit des Vocals in jenem Suffix erklärt, warum so viele Nomina, deren Accusative vorliegen wie Pl. Bacch. 497 *ad fatim Mnesilocci curast*, von der Sprache nicht aus-

gebildet sind. Durch diese Wandelungen ward jene Vermischung von
i-Stämmen und consonantischen angebahnt, welche in der Flexion beider
herscht und die verschiedene Ausprägung desselben Casus herbeiführt:
mensium ist von der Grundform *mensi* abgeleitet, *mensum* wie von *mens*
das griechischem μήν und μείς näher kommt. Im übrigen aber bleibt bei
Declination des Nomen Regel, dass die nach den Casus wechselnden Suffixe
an die gleiche Stammform angesetzt werden. Ausnahmen, wie wenn der
Nominativ gegen andere Casus einen volleren Stamm zeigt in *senex*, das
übrigens in der Aussprache des 6n Jahrhunderts d. St. nicht schwerer
wog als *senes* oder *sens*, einen kürzeren in *supellex*, bestätigen nur die
Regel.

Die Nominalstämme lauten consonantisch oder vocalisch aus; diphthongische Grundformen kennt das alte Latein nicht: griech. ναῦς lat.
navis, gr. βοῦς lat. *bovis* (Petron *sat.* 62) oder *bos* aus *bovs*, gr. Ἀχιλ
λεύς Θησεύς lat. *Aciles Teses*, da vor Ennius Consonanten nicht gedoppelt, vor Sulla Mutae nicht aspirirt wurden, C. I. L. 1 n. 1500 und
1501, später nach den griechischen Formen *Achilleus* mit gesonderten
Vocalen (viersilbiger Genetiv *Achillei* bei Horaz, Dativ *Achilleo* bei
Mommsen inscr. Neap. 1585), wiewohl sie bei den neoterischen Dichtern
meist der Synizesis unterliegen. Die consonantische Declination, gewöhnlich als die dritte gezählt, umfasst die manigfachsten Stämme. An
sie schliessen sich zunächst die halbconsonantischen Vocale *i*, der dritten
Declination zugerechnet, und *u*, die vierte. Daneben steht die *a*-Reihe,
von Anfang an im Latein gespalten in die Vocale *a*, *e* und *o*: so ergibt
sich eine *a*-Declination, die erste, eine *e*-Declination, die fünfte, eine
wenig umfangreiche Spielart der ersten, wie im Griechischen beide zusammenfliessen, eine *o*-Declination, die zweite. Die Pronomina weisen
mehrere den verwandten Sprachen grossentheils gemeinsame Abweichungen von der Nominaldeclination auf, das persönliche Pronomen durch
den in der Natur der Sache begründeten Wechsel des Stammes (*ego nos*,
ich wir), die geschlechtigen Pronomina durch die Aufnahme neuer Suffixe (Neutrum Sing. *quod*, Plur. *quae*).

Das Latein unterscheidet Einzahl und Mehrzahl. Der numerus dualis, im gemeinen Griechisch mehr und mehr eingeschränkt, im Aeolischen
und in den italischen Dialekten verloren, begegnet nur noch in *duo* und
ambo Nom. Acc. Masc. Neutr. (δύω ἄμφω): das Femininum und die
andern Casus werden pluralisch flectirt; die pluralische Flexion setzte
sich auch beim Acc. Masc. in der Schriftsprache fest (auf republicanischen
Inschriften nur *duos* C. I. L. 1, 572 und 1007, bei den ältesten Dichtern
duos und *ambos* mindestens gleich häufig wie *duo* und *ambo*), und galt
das Neutrum *dua* auch als Barbarismus (Quintil. 1, 5, 14), so lebte es
doch im Volksmund (*columbaria dua* Gori inscr. Etr. 1, 412, 242; *tribunalia dua* Muratori thes. inscr. 1986, 7; Fabretti 14, 63) und ward zur
Verfallzeit auch litterarisch aufgenommen (*post dua lustra* Orestis trag.
26); *dua pondo*, was auch strenge Kritiker zuliessen, fällt in den Bereich
des Ablativs. Der Pluralis wird vom Singularis theils durch besondere
Suffixe theils durch Vermehrung des Singular-Suffixes mit *s* unterschieden.

Sieht man auf den Abfall und die Verschleifung schwach betonter Endungen, auf die dadurch erfolgte Aehnlichkeit und Vermengung der Casusformen, wie sie bald dargelegt werden soll, so nimmt es Wunder dass die Schriftsprache noch sieben Singular-Casus mehr oder weniger ausgebildet zeigt: den Nominativ, Vocativ, Accusativ, Genetiv, Ablativ, Dativ und Locativ. Der Vocativ wird traditionell den Casus zugezählt, obgleich er weder äusserlich durch ein eigenes Suffix wie die übrigen Casus ausgezeichnet ist, noch das im Vocativ stehende Nomen, wie der Name Casus besagt, einem festen Zwange des Satzgefüges unterliegt, sondern loser und einer Interjection vergleichbar der Rede angereiht wird, wofür auch die Metrik der lateinischen Bühnendichter noch Zeugnis ablegen kann. Den Vocativ hat das Latein von allen Casus am wenigsten ausgebildet, ihn ersetzt meist der Nominativ, bei ungeschlechtigen Wörtern immer. Auch der Locativ ist nur fragmentarisch erhalten, weil er früh mit gleichlautenden Casusformen verwirrt ward. Die Stelle des Instrumentalis verwandter Sprachen versieht im Latein, so weit dessen Geschichte hinauf reicht, der Ablativ. Im Plural sind überall weniger Casus als im Singular entwickelt worden; wie viel geringer ist bei Plautus die Zahl der Plural- als der Singularformen von Nomina! Das Latein hat vier Plural-Casus: den Nominativ der zugleich als Vocativ fungiert, den Accusativ, den Genetiv und den Dativ der zugleich den Ablativ und Locativ vertritt.

Das Latein theilt die Wörter in geschlechtige und ungeschlechtige, die geschlechtigen in männliche und weibliche. Obschon die Anwendung des Genusbegriffes auf die Wörter so alt wie Adam und Eva ist und manche Dinge ausschliesslich als Masculinum, Femininum oder Neutrum gedacht sind, so finden doch viele Abweichungen des Latein von anderen Sprachen statt (die Kraft des Weins z. B. respectiert der Römer weniger als der Grieche oder Deutsche) und viele Schwankungen innerhalb des Lateins selbst (*vinus mihi in cerebrum abiit* denkt der Bauer), zumal in der archaischen und Vulgärsprache, welche beide ja getreulich alle Wege zusammen gehen (vgl. *ramenta* und *ramentum* Pl. *Bacch.* 513 und 680 wie *caementa* C. I. L. 1 n. 577 und *caementum, terminus* und *termina duo* im Schiedsspruch der Minucier, *porticus* und *hasta* als Masculina I. R. N. 244 und 383, *titulum* als Neutrum Fabr. 8, 47, *eum sepulcrum* und *hunc munimentum* Gruter 940, 7 und 1133, 3; Jahn spec. epigr. p. 85). Nominalstämme, welche wir gewohnt sind nach der späteren Sprachentwicklung einem einzigen Genus zuzutheilen wie *victor station lumen*, sind nicht von Ursprung an männlich, weiblich oder ungeschlechtig, wie *haec balneator hic optio hic flamen* beweisen. Indem sich aber allmählich für ein bestimmtes Genus bestimmte Wortbildungs- und Stammformen festsetzten, gewann die Sprache eine Art lautlichen Hilfsmittels um die Genera zu scheiden, sie räumte sogar dem lautlichen Elemente bisweilen den Vorrang vor dem logischen ein wie in *Corinto deleto* der Mummius-Inschrift, wo das grammatische Geschlecht der meisten o-Stämme das natürliche Geschlecht der Städtenamen zurückgedrängt hat.

Abgesehen von der Genusunterscheidung durch den Auslaut des Stammes macht sich auch innerhalb der Declination eine solche durch die Aufnahme oder Veränderung gewisser Casus-Suffixe bemerklich. Hierhier gehört die uralte Sonderung der ungeschlechtigen Wörter von den geschlechtigen im Nominativ. Im Singular benutzen jene dafür, während die geschlechtigen das Zeichen *s* annehmen in *mon(t)s pe(d)s tristis fructus*, den nackten Stamm in *caput cor* (für *cord*) *triste* (gleich *tristi*) *cornu*, und ersetzen bei den *a*-Stämmen den Nominativ durch den Accusativ des Masculinum in *novom donum*, offenbar in dem Sinne dass ihnen die volle Kraft eines Subjectes fehlt, nur die Wirkung eines Objectes zukommt; denn die Casusschöpfung ist nicht das Product einer in den Kreis sinnlicher Anschauung gebannten Kinderzeit, sondern setzt das Denkvermögen rein begrifflicher Verhältnisse mit Notwendigkeit voraus. Bei den Pronomina erscheint im Neutrum das Suffix *d* (*id* neben *is*, *aliud* neben *alius*), welches in der Flexion sonst ablativisch fungiert. Nur bei den sog. Adjectiva immobilia ist das *s* des geschlechtigen Nominativs auch beim Neutrum aufgenommen: *dives* steht als Neutrum anstatt *divit*, was die Sprache nie gebildet, oder, da jenen Adjectiven meist vollere Formen auf *i* zu Grunde liegen, anstatt *divite* und contrahiert *dite*, was die Sprache nicht begünstigt hat. Den Plural Nom. Acc. bilden alle Neutra mit dem Suffix *a*, *capita tristia cornua dona ea*.

Jünger zwar aber gräcoitalisches Gemeingut ist bei den sog. Adjectiven auf *us a um* die Unterscheidung des Masculinum und Neutrum vom Femininum durch den Ablaut des *a* zu *o*: ursprünglicher Stamm *nava* ohne Genusbezeichnung, lateinisch Masc. Neutr. *novos novom* (griech. νέος νέον) Fem. *nova* (gr. νέα), in Uebereinstimmung damit dass bei der Spaltung der *a*-Stämme die Mehrzahl der *a*-Formen weiblich, der *o*-Formen männlich fixiert ward. Das Charakteristische, dass dem weiblichen Genus die ältere Form bleibt — *facilius enim mulieres incorruptam antiquitatem conservant* bemerkt schon Cicero *de orat.* 3 § 45 von sprachlichen Dingen — wiederholt sich bei den Adjectiven deren Stamm im Auslaut *r* vor *i* hat: Fem. *celeris equestris salubris*, Masc. *celer equester saluber*, indem nach Abfall der Endung *is* der Hilfsvocal *e* eingeschoben wird. Diese Sonderung identischer Formen ist sehr jung, den ältesten Litteratoren nicht bekannt (Ennius sagte *somnus acris* und *acer hiemps*), nie vollkommen durchgeführt (*volucer Fama* und *silvester aedon* ein Dichter der neronischen Zeit). Wenig älter ist die Unterscheidung eines Masc. *maior* und Neutr. *maius*: noch im 5n Jahrhundert lauteten beide *maiōs*, denn die aus der Grundform des Comparativsuffixes folgende Länge wird auch für das Neutrum erwiesen durch Plautus Iamben *Men.* 327 *proin tú ne quo abeas longiùs ab aedibus* oder Kretiker *most.* 326 *né prius in via*; etwa seit 420 trat *maior* neben *maios*, etwa seit 500 sank *maios* zu *maius*, und die verschiedenen Formen setzten sich in den verschiedenen Genera fest, nachdem die ältesten Autoren noch *prior bellum* geschrieben; zur Kürzung der Endsilbe neigte das Latein hier wie überall früh, am ersten ward sie beim Neutrum vollzogen.

Nominativ des Singularis.

Die belebten Genera nehmen das Suffix *s* an. Bei den consonantischen Stämmen sind gewisse Veränderungen durch die allgemeinen Lautgesetze geboten oder zugelassen. a) Gutturalstämme. Aus *voc-s* und *leg-s* wird *vox* und *lex*. Neben *coniux* steht *coniunx* Gen. *coniugis*; weil der Sibilant in der Aussprache vorwog, schrieb man *coniunxs*; das Vulgärlatein verdrängte den Guttural ganz in *coius* (Fabr. 341, 522), schon unter den ersten Kaisern in *felatris* (Ritschl P. L. M. Taf. 16, 9), *cals* forderten Grammatiker in der Bedeutung 'Kalk', alt scheint *mers* (Ritschl rh. Mus. 10, 453). *merx* zeigt kürzere Grundform neben *merces*, *Pollux* neben *Polluces* (Plaut.) *Poloces* (Inschr.). In *nix* für *nigvs* ist *v* ausgestossen, im Genetiv *nivis* der Kehllaut; eine vollere Bildung war *ninguis*. In *iudex* Gen. *iudicis*, wo *i* stammhaft, trat Umlaut ein der geschlossenen Silbe halber, ähnlich ward in *remex artifex* Gen. *remigis artificis* stammhaftes *a* nur bis zu *e* geschwächt. Neutrum *halec* ohne *s*, dasselbe Nomen als Femininum *halex*; *atriplex* gilt wie *simplex felix ferox audax* auch als Neutrum; in den plautinischen Anapästen *nam dúplex hodié facinús feci* unterscheidet sich *duplex* prosodisch nicht von *duplec* oder *duplice*. b) Labialstämme, wo *s* an den Stamm tritt: *stirps* und *urbs*, der Assimilation halber auch *urps* geschrieben. Es sind meist verkürzte Grundformen wie *trabs* aus *trabes trabis*, *anceps* aus *ancipes* (Plaut.) St. *ancipit*; die Inschriften vor Augustus kennen nur *plebes*. In *anceps* und *princeps* ist stammhaftes *a* zu *e* geschwächt, im Gen. *aucupis* und *principis* zu *u* und *i*. Neutrum *volup*, verstümmelt aus *volupe* wie *difficul* aus *difficule*, daher handschriftliches *volupest* bei Plautus nicht in *volup est* aufgelöst werden darf. c) Dentalstämme, wo *t* und *d* vor *s* schwindet: *lis segés lapis fraus* St. *lit seget lapid fraud*. Ersatzdehnung, einst wohl Regel für diese Bildung, behauptet sich bei einsilbigen Wörtern, *pēs vās* St. *pĕd văd*, und wo *i* der Endung *es* vorausgeht, *abiēs pariēs* St. *abiĕt pariĕt*. Vollere Grundform zeigt *Quiritis Ardeatis* neben *Quiris Ardeas*, kürzere Ablative *quie lapi* neben *quiete lapide*. Aus *noct-s* wird *nox*, aus *amant-s legent-s amans legens*. Bei der Lautverbindung *ns* wird der vorhergehende Vocal stets verlängert und der Nasal leicht verflüchtigt; im alten und vulgären Latein sinkt *frons* St. *frond* zu *fros frus*, *praegnans infans Clemens sapiens* zu *praegnas infas Clemes sapies*; dafür dass das classische Latein durchweg den Nasal wahrte, zeugen inschriftliche und handschriftliche Formen wie *Athamans Atlans Dymans Pallans* trotz des griech. Ἀθάμας. Wir finden C. I. L. 1 elog. 20 *indigens* von anderer Grundform als *indigenus*, von vollerer als *indiges* Gen. *indigĕtis*, vgl. *Campanus Campans Campas* (Plaut. trin. 545); die Mittelform *indigēs* ist nicht mehr nachweisbar. Wie weit einst die Verstümmelung gieng, beweist am besten das uralte *libs* und *lubs* C. I. L. 1 n. 182 und 183, zunächst aus *lubes* wie *plebs* aus *plebes*, dann aus *lubens*. Für *virtust*, wie Ritschl in Plautus Persa 268 statt *virtus est* schreibt, also Schwund des *s* mit dem Stammesauslaut, vermisse ich sichere Belege. In *pedes ales* St. *ped-it al-it* ist das *i* der

Wurzel beim Antritt des *s* zu *e* umgelautet; rustican ist *milis* (Fabr.
133, 81) wie *milex* (Fabr. 137, 127). Altes *a*, gewahrt in *vas*, ist geschwächt in *praes* aus *praeves* Plur. *praevides*; von *anas* begegnet Plur.
anites (Brix zu Pl. *capt.* 999). Griechische Dentalstämme werden im
älteren Latein oft anders geformt: Ἀντιφῶν Acc. Ἀντιφῶντα lateinisch
Antipho Antiphonem, Κάλχας Gen. Κάλχαντος lateinisch Abl. *Calcha*
(Plaut. *Men.* 748); das Volk flectiert *Philema Philemae* und Plautus
schrieb *Pseud.* 146. *peristromae*, nicht *peristromáta*; den Acc. Plur.
lampadas bei Terenz *ad.* 907 wird kein sachverständiger auf λαμπάδας
zurückführen und *lampadis ardentibus* bei Plautus *Men.* 842 änderte
eine jüngere Zeit in *lampadibus*. Neutra *caput*, in dessen Flexion *u* in *i*
übergeht, *cor* statt *cord*, *lac* obwohl Varro die volle Stammform *lact*
schrieb gegen das lateinische Auslautgesetz und andere mit Erweiterung
zum *i*-Stamme *lacte* brauchten. Auch *os* Gen. *ossis* gehört hierher, da der
Stamm *oss* durch Assimilation aus *ost* hervorgieng, griech. ὀcτ-οῦν. Wie
das Neutrum kurz bleibt, so auch das geschlechtige *exos* (Lucrez 3, 719),
woneben mehrere *exossis* sagten und Plautus, wenn ich nicht irre, *Stich.*
392 *Hércules, qui deossis sane discessisti non bene.*   d) Nasalstämme.
Auf *m* endigt bloss St. *hiem*, Nom. *hiemps* im Bauernkalender C. I. L. 1
p. 359 und in guten Handschriften mit euphonischem Einschub des *p* wie
in *sumpsi*. Bei der Abneigung welche das älteste Latein wie das Griechische gegen *ns* zeigt und bei der regelmässigen Zerstörung dieser Lautverbindung hängt es den *n*-Stämmen kein *s* an: das vereinzelte *sanguis*
aus *sanguins sanguens*, wo die Dehnung der Endsilbe erst von Vergil
und Horaz und von ihren Nachfolgern nicht immer vernachlässigt ward
(Lachmann zu Lucr. p. 59), scheint jüngere Bildung neben Neutr. *sanguen*,
woraus mittelalterliche Abschreiber *sanguem* machten. Selbst der stammhafte Nasal fällt meist ab, in *termo praedo margo natio Cicero*, desgleichen in *Apollo Agamemno*. Das lange *o* wird bald gekürzt, am ersten
in iambischen Wörtern wie *homo*, in kretischen wie *Pollio* nicht vor dem
Ende der Republik. Aehnlich im Inlaut: bei den ältesten Acc. *homōnem
hemōnem*, seit Ennius *hómŏnem hómĭnem*; C. I. L. 1 n. 187 Gen. *Apolones*, n. 167 Dat. *Apoleni*, n. 562 *Apolinei*, Frontos Zeitgenossen er-
neuerten die Flexion mit *o*; in *caro* Gen. *carnis* ward der Vocal ganz
ausgestossen. Der Nominativ wahrt den Nasal bei wenigen geschlechtigen
Wörtern wie *tibicèn* Gen. *tibicinis* Wurzel *can*, aber regelmässig bei den
Neutra wie *germen nomen*, womit weitergebildete Nomina wie *incre-
mentum cognomentum*, griechische Stämme wie ὀνοματ zu vergleichen
sind. Verschiedene Fortbildungen von Nasalstämmen liegen in den Nom.
coepulonus (Plaut.) *carnis* (noch bei Livius 37, 3) *canes* (z. B. Ennius
ann. 518) *senex* vor.   c) Liquidastämme deren *l* und *r* kein *s* hinzu-
nimmt, *sol praesul mater doctor*, weil die Liquidae folgendes *s* sich an-
zugleichen vermögen (vgl. *velle ferre* statt *velse ferse*), sodass die Länge
in *sāl* St. *săl* und *pār* St. *păr* aus *sall* griech. ἅλc zu erklären. Auch
für *patēr* sucht Fleckeisen (Jahns Jahrb. 61, 32) einstige Ersatzdehnung
nachzuweisen wie im Griechischen πατήρ St. πατερ; den Vocal *e* wahrte
die älteste Sprache in der Flexion *Opiteris Maspiteris Diespiteris*

(Priscian 6 § 39), während die litterarische Periode ihn überall auswarf. Die plautinische Metrik, in der wir so oft verschiedene Formen neben einander anerkennen müssen, die einen im Untergang die andern im Aufgang begriffen, als kraft des Rhythmus der Sprachkörper so gewaltig umgestaltet ward wie nie wieder bis zur Zersetzung des Lateins durch neue weltgeschichtliche Elemente — jene Metrik fordert an vielen Stellen einsilbigen Nom. *patr*, entsprechend den andern Casus *putrem patris*, und *patr* steht geschrieben C.I.L. 1 n.130, noch verstümmelter *Diesptr* n. 1500. Verflüchtigung des stammhaften *r* und Aussprache wie *pate* ist weit weniger wahrscheinlich. Auch die Verkürzung von *soror* in Anapästen wie *soror suo éx animo* (Stich. 3) dürfte nicht nach Analogie von *maio* aus *maios* sondern von *sobrinus* aus *sorrinus* zu beurteilen sein. Die alte Länge des Nom. *orator* wie Gen. *oratoris* zeigen plautinische Kretiker wie *magister mihi exercitor animus nunc est* und die Apices einer augusteischen Inschrift *grammaticus léctórque fui*. Neutra *mel fel* St. *mell fell*, *vēr* gr. ἦρ, *spinter* gr. ὁ cφιγκτήρ, *far* St. *farr*. Die Grundformen wechseln in *mugil* und *mugilis*, *voltur volturus* (Enn. ann. 141) *volturius*. *f*) *s*-Stämme die im Auslaut kein *s* mehr annehmen können: *mas honos Venos* (Inschr.) *mus glis*; Neutra *ais ious opos* (Inschr. u. Pl. Stich. 573) *corpus*. Wie *s* in der Flexion im Inlaut immer in *r* übergeht, Gen. *maris corporis*, mit Ausnahme von *vas* Gen. *vasis*, so wechselt es auch im Auslaut mit *r* seit dem 5n Jahrhundert in vielen Formen. Durch Variation des alten *lepos* wird *lepor* Gen. *leporis* von *lepus* Gen. *leporis* unterschieden; ebenso meist ungeschlechtige Bildungen von geschlechtigen wie *maior* und *maius*, *decor* Gen. *decoris* und *decus* Gen. *decoris*, obwohl Neutr. *robor robur* sich erhielt und die alten Grammatiker am Ende ganz richtig bei Plautus *merc. 660 nec calor nec frigus metuo* verbanden, also Neutr. *calor* anerkannten. Ausser einsilbigen Wörtern wie *flos* und *mos* und ausser *arbos* wurde über das 6e Jahrhundert hinaus die Endung *os* nur in wenigen Wörtern mit kurzer Stammsilbe wie *colos odos labos* von Dichtern iambischer Messung wegen beibehalten (Lachmann zu Lucr. p. 424). Durch Veränderlichkeit des *s* und durch Schwächung des *o* entwickeln sich die manigfachen Formen in der Flexion, theilweise auch im Nominativ der Stämme auf *os*: Neutr. Plur. *augura* (Attius trag. 624) *verbera*, Local. Sing. *tempori* und *temperi*, Nom. Sing. *vetus* und *veter*, *vomer* und *vomis*. Für geschlechtige Wörter lässt sich ursprüngliche Länge der Endung voraussetzen: *arbōs* Gen. *arbŏris*, *Cerēs* Gen. *Cerĕris*, *pulvīs* Gen. *pulveris* aber daneben *pulvĭs*, *clamōr* Ennius dreimal, wie *clamŏris*. Aber Kürzung drang früh durch sogar beim Comparativsuffix, *minŏr ĕa* Pl. glor. 1294 neben *stultiŏr es* Bacch.123. Auf pränestinischen Grabschriften die bis ins 6e Jahrh. zurückreichen stehen mehrmals Nominative wie *mino Coponia* und *maio Orcevia* (vgl. Hübners Index zum C. I. L. 1 p. 609) mit Schwund des stammhaften *s*. Damit läuft die plautinische Messung *color vérus* im Wesen auf eins hinaus, sie bleibt aber auf die freieren Rhythmen beschränkt, wo metrischer Zwang zur Anwendung vieler sonst erloschener Altertümlichkeiten führte. Das Adjectivum *vetus*, ohne Spur einer Ersatzdehnung, erscheint

wie die Neutra geschwächt: *vétu puer* im Versschluss Pl. merc. 976.
Denn die Neutra werfen das den Stamm schliessende *s* gemäss lautlicher
Neigung des Lateins bis zu Ende des 7n Jahrhunderts beliebig ab: *scélus
viri* päonisch, *tempus est* oder *tempust* aus *tempu est* drei- oder zweisilbig bei den Scenikern, *sátiu sit* im letzten Versfuss bei Terenz *hec*. 730.
necesus wie *opus* im Senatsbeschluss über Bacchanalien und neben der
o-Form *necessum* bei Plautus; *necessu* geben die Bücher des Lucrez
(Lachmann p. 397); das von Donat gelesene *necessis* bildet den Uebergang zu *necesse*, wie in der Conjugation *utarus utaris utare* oder *minus
magis mage*; *necesses* und überhaupt Bildungen auf *es* bei diesen Stämmen widerstrebten, wie aus vielem ersichtlich, der Technik des Auslautes;
wenn neben *pubis* und *puber* Probus eine Form *pubes* billigte, so war
hier die letzte Silbe ohne Zweifel lang.

Die *i*-Stämme nehmen *s* an: *piscis avis sitis vis similis*. Einige
haben die Endung *es* wie *vates vepres*, in classischer Zeit fast nur bei
weiblichen Bildungen und zum Theil durch *is* ersetzt, *canēs canĭs, aedes
aedis, feles felis, volpes volpis* (Schneider Formenlehre p. 468); wenige
schlagen geradezu in die Declination der weiblichen *e*-Stämme über wie
plebes Gen. *plebei, fames* Abl. *famē*; auch wo das classische Latein *es*
wahrte, setzt das vulgäre *is* an die Stelle, *sedis luis cladis*, wie in den
analog behandelten griechischen Nomina *Diopithis Callisthnis*; umgekehrt *es* für *is* z. B. *omines locus* (Orelli 6085) für *omnis*. Der Wechsel
des *i* und *e* scheint sich im 5n Jahrhundert viel weiter erstreckt zu haben;
L. Cornelio L. f. Scipio aidiles cosol cesor C. I. L. 1 n. 31 Grabschrift
des Consuls vom J. 495, während die etwas jüngeren metrischen Epitaphia
aidilis bieten. Das schwach tönende *s* wird unterdrückt, also Nom. *tribunos militare* C. I. L. 1 n. 63 u. 64, genau so wie die das *s* nicht
annehmenden Neutralstämme lauten, *rete leve*. Zwischen *ēs* und *īs* steht
eis, īs: im hexametrischen Orakel C. I. L. 1 n. 1446 *hostīs incertus*, bei
Horaz carm. 1, 15, 36 überliefert *ignīs Iliacas domos*, öfter in Plebejer-
Versen; in der Grabschrift des Mimen Protogenes C. I. L. 1 n. 1297
aus dem 6n Jahrhundert *suavei heicei situst mimus* zweifellos für *suaveis*;
statt des Pronomen *is* alt *eis* und *eisdem*. Dem *militare* entspricht was
Nonius für Nävius com. 60 und andere bezeugt *pol haut parasitorum
aliorum simile est homo*, inschriftlich *compote factus* Or. 5758 für
compotis compos. Durch Verschmelzung des Stammes mit enklitischem
est kann *similist* werden aus *simili est* wie *mercist* Pl. *Pseud*. 954 aus
merci est, ähnlich *potisit* im SC. Bac. woraus *possit* entstand; für sich
kann das Wort nach Schwund des *s* nur *simile* oder *simil* auslauten. So
fällt die ganze Endsilbe ab nach *l, is ager vectigal nei siet* im genueser
Schiedsspruch wie *vigilis vigil*, öfter nach *r*, *celer* aus *celeris* und mit
Einschub eines *e imber* aus *imbris*, *October pedester*. Auch die Neutra
werfen die stammhafte Endung ab, *capital* aus der Gesetzessprache lange
fortgepflanzt, *difficul* noch bei Varro, und diese Form setzte sich für
substantivierte Adjectiva fest, *Bacanal animal calcar exemplar* mit Kürzung des *a*; Lucrez 2, 124 gibt noch das volle *exemplare*. Die Endung
sinapi ist fremdländisch wie *gummi*, lateinisch *sinape* und Fem. *senapis*.

An die *u*-Stämme tritt *s* in *arcus fructus anus quercus* usw. Alt und durchgreifend ist der Wechsel von *o*- und *u*-Stämmen: Nom. *macistratos maximos* auf der Duellius-Inschrift ist wohl kein Irrtum der Antiquare sondern Metaplasmus wie im Kalender des Philocalus 31 Dec. *magistrati iurant*, wie Gen. *senati* und *senatus*, Abl. *scito* und *scitu*, Plur. *fasti* und *fastus*. Das Schluss-*s* wurde abgeworfen, *domu* oder *ususl* für *usus est*. Neutra *cornu veru* mit auffälliger Länge des Auslauts, welche einige Grammatiker fälschlich leugneten; daneben meist männliche Bildungen wie *cornus tonitrus gelus* oder ungeschlechtige anderer Art wie *verum* und *genus*.

Die *a*-Stämme im Latein haben das *s* völlig verloren, auch die männlichen *scriba pansa* wie homerisch νεφεληγερέτα Ζεύς; übrigens sind die männlichen in der Mehrheit, abgesehen von Lehnwörtern wie *nauta poeta*, Composita adjectivischer Art, *incola bucaeda legirupa*, welche auf jüngerer Sprachstufe durch die *o*-Form von den weiblichen unterschieden wurden: *Graiugena*, aber *privignus* aus *privigenus* (africanische Inschr. bei Renier n. 1699), *Asiagenus*. Auch die griechischen Masculina auf ας, ης werden römisch auf *a* gebildet: Φιντίας *Pintia*, Χαιρέας *Chaerea*, *satrapa herma*. Beachtung verdient wie das ganze atellanenhafte Gedicht so die mit dem Oskischen genau stimmende Form *Santia* griech. Ξανθίας im poema de Amphitryone et Alcmena bei Mai class. auct. 5 p. 470 v. 213. *Protagora* sagt der Archaist Appulejus. Die Länge des *a* ist wenigstens für die griechischen Namen durch sichere Beispiele erwiesen: *Aeacidā* Ennius *ann.* 186 wo der Nominativ für den Vocativ fungiert, *Sosiā* bei Plautus (Fleckeisen krit. Miscellen p. 22). Dagegen *ulmitribă tu* Pl. *Persa* 278. Die weiblichen *a*-Stämme endigen auf langen Vocal bis zu Ende des 6n Jahrhunderts: *quoiei vitā defecit, non honos, honore(m)* oder *quoiūs formā virtutei párisuma fuit* die Saturnier der Scipioneninschrift, *et densis aquilā pinnis obnixā volabat* Ennius; in freieren Maassen wie Kretiker und Bakcheen *dúcitur fámiliā tóta* (trin. 251), *id fuit naéniā lúdo* (Pseud. 1277), *pol hódie alterā iam bis détonsa cértost* (Bacch. 1128) und sonst Plautus. In den Versmaassen des Dialogs haben langes *a* Namen wie *Cantharā* und *asin.* 762 *epistulā* sonder Zweifel. Fleckeisens Ausführung (krit. Misc. p. 16 ff.) bedarf im einzelnen der Berichtigung, aber das Resultat dass Plautus wie seine Vorgänger noch Nom. *terrā* sagt, wird dadurch nicht im mindesten erschüttert dass er daneben und öfter schon wie Terenz stets *terră* hat. An Stellen wo das Metrum eine Kürze fordert wie im letzten Fuss, begegnet *hiŭlcă gens, illa volt, surpta sit, serva sum* (Rich. Müller de Pl. Epidico p. 52); ein Ausgang wie *quoius úrnā sit* scheint zu fehlen; sodass die Schwächung bei Pronominen, Adjectiven, enklitischen Verbindungen ihren Anfang nahm. Der Uebergang von Nom. *mensā* in *mensă* ist ungefähr gleichzeitig mit dem von Abl. *mensad* in *mensā*. Nach griechischer Form *Andromedā Phaedrā* bei den jüngeren Dichtern (Lachmann zu Lucr. p. 408); in lateinischen Wörtern erst beim Verfall wieder Dehnung in der Cäsur, unter der Arsis wie *ulciscénda reā genetrix* Orestis trag. 919.

Die *e*-Stämme behalten das *s* wie *fides facies*. Alle sind weiblich bis auf *dies* (bemerkenswerth *ubei ea dies venerit quodie iusei erunt adesse* in der lex repetundarum Z. 63); meist existieren daneben *a*-Formen wie *effigia* bei Afranius com. 365 (*parva magnus in effigia* bei Renier inscr. de l'Algérie 36) neben *effigies*, *luxuria saevitia* neben *luxuries saevities*; auch in der Flexion herschen die *a*-Formen bis auf den Acc. und Abl. Sing. Alt *superficium* neben *superficies*. Die Verwandtschaft mit den *i*-Stämmen ward schon berührt. Abfall des *s* wie bei den *a*-Stämmen zeigt *res* bei Plautus in mehrmaligem *certa rest* oder *salva rest* (Wurzel *ra* wie in *ratus ratio*).

. Die geschlechtigen *o*-Stämme gehen im 5n Jahrhundert auf *os* aus, *Alfenos Plautios tribunos filios primos* (vgl. Hübners Index im C. I. L. 1 p. 602, der hier und im Verfolg die Nennung einzelner Inschriften unnötig macht), die Neutra auf *om*, *pocolom donom captom*. Häufiger mit Schwund des *s*, in den imperativisch verwandten Participialbildungen wie *hortamino*, sonst zufällig nur noch bei Eigennamen nachzuweisen, *Turpleio* für späteres *Turpilius*, *Fourio Popaio Roscio*; bei den Neutra mit Schwund des schwach auslautenden, von allen Dichtern vor Vocalen erweichten *m pocolo* C. I. L. 45, *dono* 177. Neben *filios* auf der ältesten Scipionengrabschrift 32 (auf den Consul des Jahres 495) tritt *Lucius* auf der etwas jüngeren 29 (auf den Consul des J. 456 dem jene Verse in den ersten Decennien des 6n Jahrh. gewidmet wurden), die doch *Samnio* noch, wie es scheint, für *Samnium* darbietet. Die Endung *os*, *om* gieng über in *us*, *um* etwa um das Jahr 520 der Stadt, und Plautus, dem *opos* noch zugestanden werden mag, konnte Bacch. 872 nicht schreiben *eros tuus* sondern lediglich *erus tuos*. Denn da das Latein die Lautverbindungen *uu* und *vu* hasst, so blieben Formen wie *mortuos equos servos aevom* für alle Zeit; zum Theil waren veränderte Formen wie *ecus* und *aeum* daneben im Gebrauch, aber in der Republik hat kein urbaner Mann *equus* oder *servus* gesprochen oder geschrieben. In Quintilians Jugend drang diese Lautierung der Vulgärsprache auch in die Schriftsprache ein (Quint. 1, 7, 26); der Kaiser Claudius redete *patruus*, *opus arduum*, *divus Augustus*, freilich daneben noch *divom Iulium*; seitdem wird *divos divom* altmodisch und provinziell gewesen sein, obwohl es nie erlosch und so der plattlateinischen Verdumpfung von *us* überhaupt zu *os* und *o* entgegen kam (vgl. *dium Claudium et divom Titum* Or. 7421, *divos Hadrianus latum clavom* bei Renier mélanges d'épigr. p. 69). Den Lautwechsel von *o* zu *u* zu Anfang des 6n Jahrh. der Stadt veranschaulichen die nach dem J. 486 geschlagenen Münzen von Suessa wo neben *probom*, nemlich *ais*, die Form *proboum* erscheint (C. I. L. 1 n. 16); den Umschlag von *vivos* in *vivus* eines Sarsinaten Inschrift etwa aus Cäsars Zeit: *qui volet, sibei vivous monumentum faciet* (ebenda n. 1418). In *filius* tönte das *s* auch während des 6n und 7n Jahrhunderts so schwach dass es unterdrückt werden konnte, *filiu* wie früher *filio*. *nullu's* bei den Scenikern, *nullu sum*, *iussu sum*, *auctu sit* im letzten Fuss bei Terenz, *cedit citu celsu tolutim* bei Varro und ähnliches bei allen Dichtern der alten Schule. Des Protogenes Grabschrift verkürzt sogar *heicei sitüst mimus*, eine Verflüchtigung des Auslautes welche sich in der Litteratur zuletzt Plautus erlaubt hat; zu Lucilius Zeit war nur noch *hic situs Metrophanes* giltig. In der Schrift zeigt sich Reaction gegen die Abwerfung des *s* schon seit dem 6n Jahrhundert; im 7n steht *vocitatust* auf der genueser Tafel sehr vereinzelt, man schrieb *Lúcius Múmmius dónum*, während die Aussprache alter Gewohnheit folgte; der Verfasser der Scipionengrabschrift 34 zog *is hic situs quei nunquam victus est virtutei* einem *situst* vor. Plebejer oder Kleinstädter, die auch nach Cicero hier und da *lectu* für *lectus* und dergleichen schreiben, bezeugen eben dadurch ihre Rusticität. Beim Neutrum fällt das auslautende *m* ab, wie vorher *dono* so auch *donu* C. I. L. 168 oder 62, wo die eine Seite der Bronze in älterer Lautierung *C. Placentios Marte sacrom*, die andere in jüngerer *C. Placentius Marte donu dede* aufweist: *gremiu* und *signu* auf Inschriften der ersten Männer bis in die Gracchenzeit, *bónu ius* oder *málu* 'zum Henker' bei den Scenikern, ja *cónditŭmst cónsilium* aber nur in Anapästen bei Plautus dem obigen *sitŭst* entsprechend. Obwohl schliessendes *m* vor Vocalen, wie bekannt, immer schwand, hier also minder hörbar war als *s*, muss es vor Consonanten umgekehrt fester gewesen sein als schliessendes *s*, wenn auch die Inschriften verschiedene Behandlung beider im ältesten Latein nicht erkennen, sondern Consolidation um dieselbe Zeit (620—630 nach Ritschl P. L. M. p. 123) eintreten lassen. Denn Formen wie *iùssu(m) sit* haben die Sceniker im letzten Fuss nie mehr zugelassen, und bereits die ennianische Metrik erhebt die volle Geltung des *m* vor Consonanten zum Gesetz. Andere Nominativformen der *o*-Stämme beruhen auf der Ausstossung des *o*-Vocals. Das alte *dare damnas esto*, entstanden aus *damnat(o)s*, stimmt überein mit umbrischen und oskischen Bildungen, umbr. *pihaz* osk. *húrz* (lat. *piatus hortus*); die genueser Tafel bietet Z. 15 *termins* neben wiederholtem *terminus* und Nom. Pl. *termina*, ganz wie umbr. *Ikuvins* osk. *Bantins* (lat. *Iguvinus Bantinus*), für das Jahr 637 freilich eine allgemein beseitigte Antiquität. Häufig liess das alte Latein nach *i* das stammhafte *o* fallen, *Clodis Caecilis* für *Clodios Caecilios*, wie ausser den italischen Sprachen auch das jüngere Griechisch in Δημῆτρις Φιλημάτιν; so erhält sich neben *alius* noch lange *alis*, *volgaris* neben *volgarius* mit Uebergang in die *i*-Declination (Ritschl bonner Programme März und October 1861). Das Nebeneinander von Formen wie *Verrius* (*lex Verria* wie *lex Iulia*) *Verres Verris* und deren Vergleichung mit *aidiles aidilis* gibt zu bedenken, ob nicht die Mehrzahl der Nominalstämme, welche nach Maassgabe des gewöhnlichen Auslautes oben als *i*-Stämme betrachtet wurden, im vorgeschichtlichen Latein noch ein volleres Wortbildungssuffix trugen. *alios alius* verwandelt sich in *alis* durch Assimilation des *o* oder *u* an das vorhergehende *i*, worauf Contraction erfolgte; so geht im Oskischen *ús* nach *i* regelmässig in *is* oder *ís* über, dann in blosses *s*, *Viinikiis Púpidiis Stenis* lat. *Vinicius Popidius Stenius*. Wenn bei Plautus *filius* und *gaudium* zweisilbig gesprochen werden, so kommt dies im Grunde auf eins hinaus mit der Schreibung *filis* und *gaudim*; da jene Aussprache nur noch in den freieren Versmaassen vorkommt, so ist damit der Zeitpunkt bestimmt für die Ausmerzung solcher Formen in der Schriftsprache. Regelmässiger Wechsel von *Sulpicius* und *Sulpicis* vertrug sich nicht mit festem Betonungsgesetz; die Betonung schon lehrt dass eine Bildung wie *dámnas* der vorlitterarischen Periode des Lateins angehört. Indem in *Clodis Cornelis* der Schlussconsonant unterdrückt ward, entstanden die auf den ältesten Inschriften nicht seltenen Formen *Clodi Corneli*, als Nominative zuerst erkannt von Mommsen (röm. Münzwesen p. 471). Denselben Schwund der ganzen Endung *os*, *us* hat die Schriftsprache angenommen bei vorhergehendem *r*: alt *socerus* (Pl. Men. 957) wie griech. ἑκυρός, gewöhnlich *socer* (Pl. Men. 1046), ursprünglich und von Nachahmern des Griechischen erhalten *Euandrus Alexandrus* (Vergil, Inschriften vgl. Marini frat. Arv. p. 451) gewöhnlich *Euander Alexander* zur Erleichterung der Aussprache mit dem Hilfsvocal *e* wie *Casenter(a)* C. I. L. 1501 für *Casantra* (Quintil. 1, 4, 16). Das im Nominativ eingeschobene *e* wird in der Flexion überflüssig, *ager caper ruber* griech. ἀγρός καπρός ἐρυθρός Gen. *agri capri rubri*, während es bleibt wo es stammhaft ist wie in *prosper corniger*. Doch wird auch da z. B. beim comparativischen Suffix *ter* das *e* nicht selten verschluckt: alt *magisteres* C. I. L. 73 gew. *magistri*, *dexteram* und *dextram*, vereinzelt *itrum* in den Fasten p. 478 zum J. 711 neben *iterum*. Cäcilius sagte *nunc uter crescit*, später Afranius *crescit uterus* oder *consedit uterum* (tog. 338 u. 346), nur *numerus umerus erus* scheinen *us* nach *er* allzeit gehalten zu haben. *pover* aus *poverus* (*bene debet esse povero qui discet bene* Inschr. von Steinamanger) geht über in *puer* Gen. *pueri* oder in *povr por* und die consonantische Flexion: letztere Bildung erhielt sich bei den alten Sklavennamen wie *Publipor*, Dat. *Naepori*, Nom. Plur. *Marcipores*. *mulciber* flectiert den Gen. *mulcibris* und *mulcibri*, wie der Etymologie nach *saluber* Gen. *salubris* und *salutifer* Gen. *salutiferi* identisch sind. Νικήφορος ward latinisiert zu *Niceporus*, dann achtmal auf alten Inschriften *Nicepor* wohl unter Einwirkung der erwähnten Sklavennamen. Desgleichen schwindet *os*, *us* in *vir levir satur*. Nach vorhergehendem *l* ist der Wegfall beschränkt auf *famul* bei Ennius ann. 317, was noch Lucrez 3, 1033 in Anspielung auf den ennianischen Vers wiederholt, gleich dem oskischen *famel* (Mommsen unterital. Dialekte p. 229 u. 308), und auf das Neutrum *nihil* aus *nihilum*; für letztere Abschwächung war die frühe Annäherung des Wortes im Gebrauch an die Partikeln von Einfluss. So war die Grundform *noinom* 'nein', welche in *noenum* und *noenu* bis in den Anfang des 8n Jahrhunderts von Schriftstellern fortgepflanzt ward, schon im Beginn der römischen Litteratur zu *non* abgestumpft mit Einbusse der Endung und des *i*-Lauts (vgl. *coiraveront*, häufig *coeraverunt*, einmal *coraveront*, einmal *couraverunt* zum Zeichen des Mischlautes beim Umschlag in *curaverunt*).

Dem Personalpronomen dienen als Nominative für die erste Person *ego*, mit langem *o* noch in den Kretikern und Bakcheen des Plautus wie griech. ἐγώ, dann stets verkürzt bis auf die Zeit wo alle Prosodie ins Schwanken geräth, *utar egō saxis* im Amphitryon v. 167; für die zweite Person *tū* griech. τύ cύ. Das Pronomen der dritten Person, nur reflexiv gebraucht, entbehrt des Nominativs. — Die übrigen Fürwörter schliessen sich im ganzen an die Nominalstämme an. *quis* Interrogativum, auch weiblich bei Plautus *quis mulier est*, wie griech. τίς, in alten Gesetzen einige Male wie osk. *pis* für das Relativum *qui* oder vielmehr für *quisquis*, das in einer Auguralformel bei Varro *quirquir* lautet (vgl. Neue lat. Formenlehre 2, 158 ff.), mit Verlust des *s ecqui siqui*. Das als Relativum fixirte *qui* gilt als adjectivisches Interrogativum oder Indefinitum, *quis* als substantivisches, während *aliquis* als Substantivum und Adjectivum dient. Die tabula Bantina um 630 hat unterschiedslos *quisque eorum* und *queique eorum*. *qui* lautete vor Cäsar gewöhnlich *quei*, auf der Grabschrift des Protogenes *que*; diese bis c. 500 d. St. hinaufreichenden Formen des Latein stehen weit ab von den näher zusammenliegenden osk. *pús* umbr. *poi*, welchen lat. *quos* oder *quoe* analog wäre. *is* begegnet schon im 6n Jahrhundert, *eis* also langes *i* dreimal in der lex repet. um 630, der Orakelspruch 1447 *iūbeo et is ei si fecerit gaudebit semper*, unbestimmt gehalten wie alle, mag in der Urform *ioubeo et eis ei si faxit* geheissen haben. Nicht selten bis auf Cäsar *eisdem* und *isdem* (Ritschl bonner Progr. October 1855); wie man *patronus isdemque coniux* sagte, so Plebejer der Kaiserzeit mehrmals um die Syntax unbekümmert *patrono isdemque coniugi* (Fabretti p. 291 ff. vgl. *Roscia Lochagia coniunx idem heres* bei Renier inscr. de l'Alg. 4293); mit Verdrängung des *s cidem* und *īdem*, ein Proletarier auch *eide*. Auf der ältesten Scipionengrabschrift steht Nom. *hec* aber zugleich *hic*, nach Ablösung des Affixes *ce* gleich jenem *que* und *qui*, obgleich Nom. *heic* nicht vorkommt; der Volksmund verkürzt *hĭc* und so die Sceniker, aber die classische Prosodik restauriert die Länge welche der Ursprung sei es aus *hisce* sei es aus *ho-i-ce* gebot. *ollus leto datus est* rief der Leichenbitter, *istus* bei Plautus, mit abgeschliffener Endung *ille iste*, dann *illic istic*, mit der Fragpartikel *illicine* gebildet und in der Quantität behandelt wie *hic* und *hicine*. *ipsus* und *ipse* mit verkürztem *i* bevor das Positionsgesetz durchgeführt war, *ipse* braucht nicht erst aus *ipsus* geschwächt zu sein, da bald das erste bald das zweite Compositionsglied der Declination unterliegt wie *eumpse* und *ipsum*, *eapse* und *ipsa*. *alius* und bis zu Ende des 7n Jahrhunderts *alis*; *alter uter nullus, sovos* jünger *suos* u. a. wie bei den *o*-Stämmen. — Das Femininum folgt den *a*-Stämmen: *illa ista ipsa*, bei Pacuvius *sapsa* gleich ἡ αὐτή von der Pronominalwurzel *sa*, wovon Ennius Acc. Fem. *sam* Masc. *sum* bildete, von der Wurzel *i ea* wohl durch Assimilation statt *ia*, wie alt und dialektisch *filea Feroneae precaream*, wie *eamus eant*, sodass *ea* dem *is* wie *alia* dem *alis* entspricht, *altera utra*, *tova* jünger *tua*. Eine Ausnahme machen *quae* oskisch *pai* und *hae-c*, auch die hiernach geformten *illaec istaec*, welche bis zum Auftreten des Plautus *quai* und *haic* gelautet haben müssen. Denn das Latein besass vor jener Periode kein *ae* oder *oe*, nur *ai* oder *oi*, wenigstens die Sprache der Römer nicht, wenn auch in den Strichen, wo das Latein sich mit dem Umbrischen und Volskischen berührte, der echte Diphthong schon etwas früher, um 500 d. St., getrübt erscheint; noch das Document über die Bacchanalien vom J. 568 gibt ausschliesslich *ai* und *oi* in Stamm- und Endsilben wie *aiquom foideratei tabelai* bis auf das éine Wort *apud aedem Duelonai*, und der Verfasser der auf das J. 494 gestellten Duellius-Inschrift hätte aus einer Masse alter Urkunden, vielleicht auch aus einer alten Handschrift von Nävius Epos lernen können dass *praeda* und *Poenicas* für jenes Datum weit unpassender sei als *navebus* was hinterher in *navebos* corrigiert ward. Das Affix *i* fehlt in *aliqua numqua, siqua* umbr. *svepu;* locativischen Ursprungs und aus dem Gräcoitalischen überkommen hat es seine Bedeutung völlig eingebüsst und fungiert lediglich zur Unterscheidung von gleichlautenden Formen, wie umgekehrt z. B. späte Theorie im Plur. Nom. Fem. und Neutr. *haec* durch Weglassung des Affixes *ce* beim Fem. unterscheidet. — Beim Neutrum wird *d* angehängt: *id, quid* osk. *pid, quod* osk. *púd, aliud* aus *aliod* und bei Catullus noch *alid, illud istud.* Das auslautende *t*, welches hier ursprünglich und in anderen Sprachen erhalten ist, war im Latein, wo dies in die Geschichte tritt, bereits zu *d* erweicht, wie als Ablativzeichen im Italischen *d* erscheint und zwar im Latein ohne irgend eine Ausnahme. Das *d* der Neutra hatte im 6n Jahrhundert einen schwachen Laut, ähnlich dem ablativischen, sodass es Gefahr lief ganz zerstört zu werden, wie im griech. τί und ἄλλο das Suffix untergieng. Bei Plautus und Terenz haben an zahlreichen Stellen *quód cius* und *quid huius* die Geltung eines zweisilbigen Fusses, Trochäus oder Spondeus; man nimmt gewöhnlich an, in *quód omnes mortales sciunt* (Pl. glor. 55) sei die erste Silbe von *omnes* kurz gesprochen worden — und es ist wahr dass in solchem Falle auf das Pronomen meist eine durch Position, nicht von Natur lange Silbe folgt — man ändert gewöhnlich in *quód a me te accepisse fassu's* (trin. 969) die handschriftliche Ueberlieferung ab; ich erachte es vielmehr für wahrscheinlich dass in der von den Bühnendichtern aufgenommenen Aussprache jener Zeit auslautendes *d* der Pronomina verflüchtigt und dadurch ein Zusammenfliessen der benachbarten Vocale möglich ward, *quo(d) cius* wie *quo(m) cius*, bald Trochäus bald Amphibrachys, wie nach Belieben *te* oder *ted uti* Spondeus oder Molossus; im saturnischen Vers der Mummius-Inschrift aus dem Jahre 609 *ob hásce rés bene géstas quód in belló vócerat*, wo ich früher Verkürzung des *in* behauptete (wie z. B. *ilcx* für *inlex* bei Plaut. Persa 408 nicht bloss durch den Vers gefordert sondern auch durch Nonius p. 10 ausdrücklich beglaubigt ist), bin ich jetzt geneigter ebenfalls Schwächung des *quod* anzunehmen, weil der Abfall eines auslautenden Dentals einst weiteren Spielraum hatte (*marid mari, haut haud hau, dedet fecid dede*), daher auch länger nachgewirkt haben wird als der des Nasals. Die Regelung des Auslauts mit Hilfe der daktylischen Metrik führte zur Fixierung des pronominalen *d*, nach dieser war in der Aussprache *aliud* bald nicht mehr zu unterscheiden von *aliut*, letzteres mag nach Maassgabe von *aput*, was zuerst die lex Iulia municipalis für älteres *apud* setzt, zu Ende der Republik auch in die Schrift eingedrungen sein; ein Beispiel für pronominales *t* vor der Kaiserzeit fehlt, das correcte Latein hielt dauernd an *d* fest und überliess die Vermischung z. B. von *quod* und *quot* dem Haufen der Ungebildeten (*reliquiae quod superant* schon C. I, L. 1 u. 1016, im Inlaut *quodannis* auch die besten Urkunden der Kaiserzeit) und den Abschreibern der classischen Texte (wie man z. B. noch nicht bemerkt hat dass Seneca *epist.* 91, 14 schrieb *quot tamen gravissimos casus intra spatium humanae senectutis tulit*, wo die bamberger und strassburger Hs. *quod* haben). *hoce* im SC. Bac., gewöhnlich *hoc*, entstand aus *hodce* wie *ac* aus *atque* und war im 6n Jahrhundert mittelzeitig; damals war, je nachdem *d* in *id* lautliche Geltung zugestanden erhielt oder nicht, auch *idem* mittelzeitig, und plautinische Verse wie *tu hercle idem faceres si tibi esset credita* oder *sed eram meam quae te démoritur.* :: *multae áliae ídem istuc cúpiunt* (*glor.* 838 und 1040) dürfen in Zukunft nicht angetastet werden. *eaedem leges eidemque ious* schreibt noch die lex de Thermensibus unter Sulla; Differenzirung der Quantität war ein ziemlich spätes Mittel zur Sonderung des Neutrum vom Masculinum. Für *ipse* findet sich bloss *ipsum*, die Neutralbildung der *o*-Stämme, wie für das abgeleitete und keinerlei Anomalie aufweisende Possessivpronomen *meum quoium*. Plebejisch *alium nomen* (Fabr. 95, 211) für *aliud*; griech. τοcοῦτον neben τοcοῦτο.

Nominativ des Pluralis.

Die geschlechtigen Nomina nehmen im Altindischen das Suffix *as* an, im Griechischen ες, bei vocalischen Stämmen regelmässig mit Steigerung vor dem Suffix, im Italischen meist blosses *s* mit Dehnung des Vocals bei vocalischen Grundformen. Bei den *e*-Stämmen zeigt das Latein keine andere Bildung als *spēs* oder *diēs*; die meisten werden übrigens in die *a*-Declination umgesetzt, Sing. *intemperies* neben *intemperia*, Plur. *intemperiae*. Bei den *u*-Stämmen *fructūs idūs quinquatrūs*, aber bei Plautus *iám mihi sunt manŭs inquinatae* (glor. 325); man kann streiten ob diese Kürze erst durch den häufigen Gebrauch des Wortes aus ursprünglicher Länge sich entwickelte, oder ob eine andere alte Bildungsweise hier traditionell gewahrt blieb, wie im Griechischen ἰχθύες ohne, πήχεις aus πήχεες πήχεϝες mit Steigerung des Vocals.

Die *i*-Stämme nehmen die Endung *ēs* an, *hostes puppes tres*, wie im Umbrischen Nom. Plur. *puntes* vom St. *punti*. Die Endung *es* ist nach den Inschriften, welche bei dem beständigen Schwanken der Handschriften zwischen *e* und *i* allein einen sichern Maasstab abgeben, bis auf die Kaiserzeit beinahe ausschliesslich in Gebrauch; nur in sieben Beispielen begegnen die Endungen *eis* und *īs* (Hübners Index p. 604), *ceiveis pelleis, fineis* und *finis* auf der genueser Tafel die alleinigen Formen, *atriensis mendacis*. Die Lehre, dass den *i*-Stämmen ursprünglich das Suffix *īs* zukomme, ist historisch nicht begründet; anderntheils gehen seit dem 8n Jahrhundert *es* und *is* öfter neben einander her, Varro billigte *hae puppes restes* und *hae puppis restis*, handschriftliche Belege deren Lachmann zu Lucr. p. 56 einige zusammenstellt können mit Leichtigkeit aus jedem Autor vermehrt werden, aus Plautus *gloriosus* seien hier notirt *familiaris* 183, *omnis* 659. 1264 u. a., *auris* 883, *nescientis* 893, *aedis dotalis* 1278, *muliebris* 1359, *foris* 1377. Die Endung *eis* bildete im 7n Jahrhundert den Uebergang von *es* zu *is*.

Die consonantischen Stämme hatten wohl noch im 5n Jahrhundert das Suffix *ĕs*, lat. *patrĕs* griech. πατέρες. Da der kurze Vocal dem *s* keinen Halt gab, fiel dies ab: *matrona Pisaurese* C. I. L. 1 n. 173 für *matronae Pisaurenses* von consonantischer Grundform *Pisaures*, wie solche in *Thermesum* neben *Thermesium* und sonst mit *i*-Formen wechselt. Auch *ĕ* fällt noch ab, wie *vectigal* aus *vectigale*, sodass alle Endung preisgegeben und der Nom. Plur. dem Stamme gleich ward, ganz wie im Oskischen *censtur* und im Umbrischen *frater* (lat. *censores fratres*): so die alten Tribusnamen *Ramnes Tities Luceres* neben *Ramneses Titienses Lucerenses*, so *quattuor* oder *quattor* das im oskischen Neutr. *petora* und im Griechischen noch flectiert ward. Das Suffix *ĕs*, *ĕ* hört auf um das Jahr 540: plautinische Anapäste wie *trin.* 835 *ita iam quasi canes haud secus circum stabant navem turbines venti* oder *Stich.* 311 *somnone operam datis? experiar fores an cubiti ac pedes plus valeant* wird man am besten in dieser Art beurteilen, *canes pedes turbines* wie griech. κύνες und πόδες, zum Theil mit Abstossung des *s* wie in jenem *secus; fores* das in andern Casus den *a*-Stämmen nachgebildet ist (*foras* und *foris* in genauer Uebereinstimmung mit θύραζε und θύραςιν) verräth hier consonantische Grundform und behauptet durch den steten Gebrauch das kurze Suffix bei den Dramatikern selbst im Dialog, z. B. *sed fores vicini proxumi crepuerunt*. Den Grund, warum im Beginne der Litteratur das alte Suffix schwindet, wird man im Bedürfnis nach Deutlichkeit und Durchsichtigkeit der Sprachgebilde sehen müssen: *ĕs* war gänzlicher Zerstörung ausgesetzt, dazu der Verwirrung mit dem Genetiv-Suffix das aus altem *os*, *us* damals auch schon in *es* umgesetzt war. So trat denn Dehnung des *es* ein, richtiger gesagt, die consonantischen Stämme giengen alle in die *i*-Declination über, ein Process der von den zahlreichen Wörtern ausgegangen sein wird bei welchen Grundformen auf *i* und consonantische neben einander existierten. Statt *boves*, homer. βόϝες, vom Nom. Sing. *bos* gilt jetzt allgemein *bovēs* wie vom Nom. Sing. *bovis*, ebenso *reges mancipes legentes virgines consules oratores flores*, auch bei griechischen Worten wo die jüngere Dichtung die griechische Form *grypes* zurückführte. Auch dies *ēs* gieng nachmals in *īs* über, freilich wenn man die alten Inschriften fragt, so gut wie nie, denn *prai]toris* C. I. L. 1 n. 188 gehört einer Zeit an wo über die Länge oder Kürze der Endung sich nichts bestimmen lässt, möglicherweise also *praitoris* zu *quaistores* wie im Gen. Sing. *salutis* zu *salutes* sich verhält, und das einmalige *ioudicis* in der lex repet. Z. 38 neben *ioudices* oder *iudices* fällt gegen die Masse der gewöhnlichen Formen nicht ins Gewicht; wenn der Regierungsbericht des Augustus einmal (4, 46 Mommsen) *pluris* hat neben *plures*, so bleibt darum doch *maioris* für urbanes Latein so verwerflich wie wenn jemand aus *pluria* auf *maiora* schliessen wollte. Kein Mavortius und Nicomachus wird dergleichen Nominative, welche im Vulgärlatein wucherten, wie *hospis* für *hospes* und unzähliges andere, welche durch das Schwanken des homonymen Acc. Plur. zwischen *es* und *is* begünstigt wurden, bei der Emendation alter Texte zugelassen haben, was natürlich nicht verhindern konnte dass sie in alle unsere Handschriften eingedrungen sind, beispielsweise in Plautus *glor.* 78 *satellitis*, 118 *praedonis*, 659 und 1359 *moris*, 733. 735. 758 *hominis*, 1392 *mulieris*. Darin aber dass auch die Handschriften *is* immerhin seltener bei consonantischen als bei *i* - Stämmen darbieten, zeigt sich eine Nachwirkung der durch die Inschriften erhärteten Thatsache, dass bei letzteren *es* früher und durchgreifender in *is* verwandelt ward als bei den ersteren.

Auch bei den *a* - Stämmen scheint die herkömmliche Form *silvae* aus *silvai* jüngere Bildung trotz der Uebereinstimmung mit dem griechischen ὗλαι. Die ältere schloss sich vielmehr an die anderen mittelitalischen Sprachen an und lautete *silvās*, wie oskisch *scriftas*, umbrisch *urtas* (lat. *scriptae ortae*), wie bei der Abart *speciēs*. Diese Form selber ist freilich nicht beglaubigt, denn im Vers des Pomponius *atell.* 141 *quód laetitias insperatas modo mi inrepsere in sinum*, worin die Weisheit des Nonius einen 'accusativus pro nominativo' sah, war das Subject aus dem vorhergehenden zu entnehmen, *laetitias* Objectsaccusativ zu dem transitivisch gebrauchten *inrepsere* (vgl. *ea se subrepsit mihi* bei Plautus, sonst *subrepere* gleichfalls intransitiv). Nach Abfall des *s* entstand daraus *silva*, bezeugt durch zwei ins 5e Jahrh. reichende Inschriften aus dem pisaurischen Hain: *matrona dono dedrot* und *dono dedro matrona* C. I. L. 1 n. 173 und 177 für volleres *matronas donom dedront*. Der Misdeutung, welcher das des Suffixes beraubte *silva* unterliegen musste, half die Sprache durch Aufnahme eines neuen Bildungsprincipes ab, das der pronominalen Declination entlehnt scheint, durch Anfügung von *i* in *silvai* wie in *quai* und *haic*; das Affix *i* fliesst mit dem Stammvocal zum Diphthong zusammen, von einer Dihärese findet sich keine Spur (Priscian 7 § 9), also *tabelai datai erunt* im SC. Bac. drei- und zweisilbig, vereinzelt noch um die Gracchenzeit wo längst *ae* durchgedrungen: *literai* C. I. L. 1 n. 207 neben *literae* n. 208. Das Vulgärlatein confundiert *ae* mit *e*: wenn auf den samothrakischen Inschriften 578 und 579 richtig *muste* (griech. μύσται) copiert ist, so wäre auch bei dieser Endung die Confusion wenigstens provinziell schon im 7n Jahrhundert vorhanden gewesen.

Eine doppelte Bildung waltete auch bei den *o*-Stämmen ob, kurz benannt eine griechische mit Anfügung von *i* an den Stamm, *agroi* ἀγροί, und eine italische mit *s*, *Romanos* wie osk. *Núvlanús*, umbr. *Ikuvinus*. Nur ist geschichtlich der Stammvocal bei beiden Bildungen verloren, ausgenommen die Glossen aus dem Salierlied bei Festus *pilumnoe poploe* (gleich *pilati popli*) und *fesceninoe* (angeblich *qui depellere fascinum credebantur*), wo *oe* von Stilo substituiert war für *oi* wie allgemein in *Adelphoe*. Uebrigens können diese zufällig erhaltenen Zeugnisse für die Priorität der *i*-Bildung nichts beweisen; umgekehrt spricht, von anderen Gründen abgesehen, auch der Untergang der *s*-Formen in der classischen Periode für deren älteren Ursprung. Die geschichtlichen Formen seit dem Anfang des 6n Jahrhunderts sind demnach *vires vireis viris* und *vire virei viri*, wobei für den Uebergang aus *oe* in *e* und *i* verglichen werden mag *moerum pomerium* oder *loebertas lebertas libertas. Atilies coques magistres* in etwa 18 Beispielen meist des 6n Jahrh., *leibereis liberteis Vertuleicis gnateis* in etwa 40 von den Gracchen bis auf Cäsar und vereinzelt noch darüber hinaus (Ritschl bonner Herbstprogramm 1855 p 5), *magistris ministris* in etwa 10 derselben Zeit (Hübners Index p. 603 f.); auf der genueser Tafel vom J. 637 Nom. *Vituries* und *Veituris*, Acc. *Veiturios*. So verbreitete Formen können von der Litteratur nicht ausgeschlossen gewesen sein: in Plautus *glor*. 374 *non póssunt mihi minis tuis hisce óculis exfodiri* stimmen beide Recensionen, die im Ambrosianus überkommene und die des Calliopius, trotz der Abweichung im übrigen hinsichtlich der Nominativendung überein; ebenda 44 wird *Sardis* als Nom. Plur. überliefert lautlich für *Sardi*, sachlich für *Sardiani*; *Men*. 1158 *vénibunt servi supellex fundi aedes omnia* stand von Plautus Hand *fundes* oder *fundis* geschrieben. Es leuchtet ein wie durch die Vocalisation *es eis is* die *o*-Declination ganz in die *i*-Declination übergeht, ein Zug der Sprache welcher sich auch im Nom. Sing. *alios alis*, im Erscheinen von *hilaris* neben dem bis ins 7e Jahrh. allein gebrauchten *hilarus* offenbart. *sacres porci* lautete der Plural sowohl vom Stamme *sacro* als vom Stamme *sacri*, welche im Altlatein und Umbrischen neben einander existierten. Die Africaner bildeten den Nom. Plur. *generes* (bei Renier 2868, vgl. *generi* Dat. Sing. ebenda 1348), etwa wie die alten Römer *pores* neben *pueri*. Nach der andern Art ohne *s* gestaltet steht *ploirume* bereits auf der ältesten Scipionengrabschrift, anderswo *III vire*; seit der Mitte des 6n Jahrh. bis zum Ende der Republik in zahllosen Beispielen *colonei Iulici amici oinvorsei createi reliquei*, natürlich *ei* nur Mischlaut von *e* und *i* oder für langes *i* wie griech. ει seit Perikles. Lucilius schreibt *ei* im Nom. Plur. zur Unterscheidung vom Gen. Sing. vor, *ut pueri plures fiant* (Quintil. 1, 7, 15); im Nigidius las Gellius 13, 26, 4 wenn auch nicht wir in Gellius Texte *si huius amici vel huius magni scribas, unum i facito extremum, sin vero hi magni hi amici casu multitudinis recto, tum e ante i scribendum erit*. Quintilian erachtet die Schreibung mit *ei* nicht bloss für überflüssig sondern auch für unbequem, weil dann von *aureus* im Nom. Plur. *aurei* eigentlich *e* gedoppelt werden müsse; dies thaten die Alten sicher nicht, sondern drängten vorhergehendes *e* wie *i* mit dem Casussuffix in *ei* zusammen: neben *filiei* finden wir *feilei* und *filei*, *socci* neben *sociei*, *librarei* und Nom. *turareis* neben *thurariei*, *magistrei Iorei compages* für *Iovici*. Die Contraction erhielt sich stets bei *dei di*. Plautus verstattet sich zweisilbiges *aurei* (von *aureus*) und *fili* noch in Anapästen *Stich*. 25 und *glor*. 1081, die Dramatiker in allen Maassen einsilbiges *mei* wie *dei*, sonst ist jene Licenz der Volkssprache, wie sie inschriftlich und handschriftlich in *Brutti* und *ali*, einst *alei*, tausendmal erscheint, im feinen Latein verpönt, wenn auch der Neuerer Properz *Gabi* gesagt hat (Lachmann zu Lucr. p. 252). Altes *ei* ist in den heutigen Texten nur selten zu seinem Recht gekommen; Stilo oder wer sonst die plautinischen Stücke zuerst in einem Corpus vereinigte, setzte für die *capteivei* und *Menaechmei* diese Form des Titels fest; in den Handschriften der Autoren bis zu Cicero, diesen nicht ausgeschlossen, und wieder von Trajan ab sind Nominative wie *virei maxumei aliei prodigei* ziemlich häufig; viele mögen die Grammatiker der ersten Kaiserzeit, andere die nachmaligen subscriptores, andere endlich wie z. B. *natei geminei puerei* Pl. *Men.* 18 u. 19 erst die Mönche des Mittelalters in *i* umgesetzt haben. An sich ist die Endung *i* schwerlich jünger als *ei*, im Anfang des 7n Jahrh. steht *fructi* neben *fructei*, *flovi* so gut wie *floviei flovei*, und beides auf derselben Urkunde neben Nominativen auf *es eis is*. Das kaiserliche Rom schreibt lediglich *populi* und ebenso *alii*, aber bei consonantischem *i* nur *ludi plebei*. Die Länge des Suffixes ergibt sich aus seiner Entstehung; es gehört zu den Resten jener alle Endungen verunstaltenden Sprachperiode, welche mit der Litteratur erlosch, dass es in plautinischen Anapästen zur metrischen Kürze abgeschwächt ward, *hi lóci sunt atque hae régiones, meri béllatores gignuntur*, sogar schliessend *meditáti sunt doli dócte* (*Pseud.* 595 u. 941. *glor.* 1077).

Die Neutra bilden den Nom. Acc. Voc. Plur. im Latein wie in den verwandten Sprachen auf *a*, welches bei den *i*- und *u*- wie bei den consonantischen Grundformen an den Stamm antritt, *milia altaria genua* wie *capita carmina mella corpora*, bei den *o*- ehemals *a*-Stämmen aber im Stammvocal aufgeht, *ova vascula sacra*. Nicht nur im letzteren Falle sondern auch sonst darf die Verlängerung des *a* als ursprünglich betrachtet werden: in den hexametrischen Orakeln *de incerto certā ne fiant, si sapis, caveas* und *de vero falsā ne fiant iudice falso* (C. I. L. 1 n. 1440 u. 1441) scheint allerdings die Cäsur wesentlich einzuwirken; auf der Scipioneninschrift 33 fügt sich die Messung *mors pérfecit tua ut éssent ómniá brévia* am ersten der Regel des Saturniers; in Pl. *Men.* 975 steht *vérberā cómpedes* kretisch, in Terenz *ad.* 612 *mémbra metu débiliā sunt* choriambisch; im Septenar *Stich.* 378 konnte nicht *tónsilia* sondern nur *tónsiliá tapétia* vorgetragen werden; so ungewöhnliche Betonungen wie *nisi carnáriá tria gravida, fácinorá puerilia, ómniá malefacta* für Plautus sind, finden eine befriedigende Erklärung nur in der damals noch empfundenen mittleren Tondauer des *a*. Schwankungen zwischen geschlechtiger und ungeschlechtiger Bildung kommen auch bei *i*- und *u*-Stämmen vor, *artus artua, Quinquatres Quinquatrus Quinquatria*, wovon *artua* durch den Usus, *Quinquatria* durch Grammatiker verworfen ward; innerhalb der Neutralbildung Schwankungen zwischen Grundformen auf *i* und den durch das Suffix nicht geschiedenen auf *o* oder consonantischen. Die Participia endigen abweichend von den verwandten Sprachen auf *ia*, griech. φέροντα lat. *ferentia*, doch hatte Lävius *silenta loca*, wie Gellius 19, 7, 7 meint, *ab eo quod est sileo*. Im Singular Nom. *discors* für alle Geschlechter, das Neutrum des Plur. *discordia* vom St. *discordi*. Den geschlechtigen Formen Sing. Nom. *praecoquos praecoquis praecox* entsprechen die ungeschlechtigen Plur. *praecoqua* und *praecocia*. In Iamben wie *omnia ómnes ubi resciscunt* (Ter. *hec.* 867) wird die Aussprache an *omna* gestreift haben. Simius Capito führte aus dass *pluria*, nicht *plura* zu sprechen, das Wort sei ein absolutes, nicht comparativisches, wie die römischen Grammatiker gar zu oft ein trügliches Abkommen zwischen Analogie und Anomalie trafen. *compluria* lesen wir bei Terenz, *complura* C. I. L. 1 elog. 28.

Beim persönlichen Pronomen sind *nōs* und *vōs* dem griechischen Dual νώ und cφώ, den altindischen accentlosen und für die casus obliqui fungierenden Formen *nas* und *vas* verwandt, insbesondere auch durch ihre Functionen als Accusative. Hier gibt das Arvallied *enos Lases iuvate*, *enos Marmor iuvato* wie im Griechischen ἐμέ neben μὲ. *vópte pro vos ipsi Cato posuit* (p. 88, 19 Jordan).

Beim geschlechtigen Pronomen Masc. *eeis ieis* und contrahiert *eis*, *iei* und contrahiert *ei* auf republicanischen Denkmälern, die *s*-Formen bis zur Mitte des 7n Jahrh., *iei* neben *ei* in der l. Iulia munic.: *is* Pacuvius bei Charisius p. 133, 4, regelmässig einsilbiges *ei* die Sceniker, wofür selten in Hss. blosses *i* geschrieben ist (Ritschl prol. trin. p. 98), meist nach dem Gebrauch der Kaiserzeit *ii*. Bis auf Cäsar *eisdem*, *isdem* wie *eidem probavere*; dreisilbig *eidem* (Hss. *idem*) bei Plautus *glor.* 758. Ebenso *heis* und *hei*, für *hi* fehlt ein inschriftliches Beispiel vor Augustus, in vollerer Gestalt wie sie der alte Amtsstil liebte ausschliesslich *heisce* und *hisce*, so bei Plautus und in der bei Livius 9, 10, 9 erhaltenen Formel *hisce homines*. Unter den Kaisern kommt auch das incorrecte *hii* auf, was bei der vulgären Gleichgiltigkeit gegen die Aspiration der steten handschriftlichen Verwechslung von *hi* und *ei ii* Raum gab. Im Senatsbeschluss über die Bacchanalien wird streng gesondert Indefinitum *ques* (Nom. Sing. *quis*) und Relativum *quei* (Nom. Sing. *quei*); Pacuvius flectiert ebenso *ques* beim Interrogativum und in *nescio ques*, Cato hatte geschrieben *quescumque Romae regnavissent*; seit den Gracchen *qui* neben *quei*, aber in der Republik nur sporadisch. — Fem. *eae* aus *eai*, obwohl in der lex Iulia vom J. 709 Z. 161 *cai res* nur auf Rechnung des Graveurs zu setzen ist wie *diibus* für *diebus*; *quae*, *hae*, *istae* oder rustican *stae* (denn durch Lachmanns Beobachtungen zu Lucr. p. 197 wird die Aphäresis des *i* im Schriftlatein keineswegs bewiesen), oft mit Affix *haec nuptiae* (Fleckeisen rhein. Mus. 7, 271), *illaec* und *istaec contumeliae*. — Neutr. *ea*, *illa*, *ipsa*; wie im Nom. Sing. Fem. mit *i* vermehrt *haice* im SC. Bac., dann *haec*, und *quae* was man unter Kaiser Claudius gräcisierend *quai* schrieb (I. R. N. 2211), in der lex repet. Z. 34 aber als Nachklang des älteren Latein; das letztere ohne *i* in *ea Bacanalia sei qua sunt* und immer in *aliqua*. Dazu *illaec* und *istaec*, so zu sagen parasitische Schösslinge beim Neutrum wie beim Femininum, welche der gereiftere Geschmack des 8n Jahrh. wieder abstiess.

Vocativ.

Einen besondern Vocativ bildet das Latein nur im Singular der geschlechtigen o-Stämme, und selbst hier tritt leicht der Nominativ an seine Stelle, wie bei Plautus *da meus ocellus, mi anime* (asin. 664) und beständig *deus* (Voc. *dee* bei Tertullian 'wie θεέ bei Matthäus). Die neoterischen Dichter nehmen mitunter griechische Vocative herüber wie *Amastri Orpheu Atla* bei Catull Vergil Ovid, aber römisch *Xystylis face ut animum advortas* und *poenaque respectus et nunc manet Orpheus in te*. Fraglich bleibt ob nicht bei den *a*-Stämmen, deren Nom. vor

Alters *deā* war, von jeher der Voc. *deă* lautete, wie äolisch Nom. κούρα Voc. κοῦρα.

Beim Ruf wird das Nomen auf die kürzeste Form, den blossen Stamm zurückgeführt. Das auslautende kurze *o* wird zu *e* geschwächt: *o bone* wie ὦ φίλε, *triumpe* im Arvallied. Wo die Nominativendung später ganz aufgegeben ward, fiel auch im Voc. *e* ab, *puere* (z. B. Pl. *most.* 947. 965. 990) wie *puerus*, dann *puer*. Geht dem Stammvocal *o* ein *i* vorher, so tritt Assimilation von *iĕ* zu *ii* und Contraction in *ī* ein, im 7n Jahrh. auch *ei* geschrieben. Während das Umbrische die Contraction beim Adjectivum *dio* zulässt, Voc. *di* oder *dei* gleich lat. *die*, sonst aber vermeidet, Voc. *Fisovie* etwa gleich lat. *Fidi*, befolgt das Latein die umgekehrte Praxis, bei Adjectiven *Laertie pie* und so *nuntie*, wo man nicht den Nominativ vorzog, bei Namen *Mercuri Gai Voltei*, auf einer Scipionengrabschrift *Publi Corneli*, später *Taracei* zum Nom. *Taracius* C. I. L. 1 n. 1202, bei Lygdamus 4, 5, 9 *mane Geni*. Ausser bei Namen drang die Contraction durch in *fili*, wofür Livius Andronicus *filie* hatte, und in *mi* aus *mie* (vgl. *mieis moribus* der Scipionengrabschrift, *bonis mis* Pl. *trin.* 822); in der Schreibung *mei* z. B. *mei senex* und *anime mei* Pl. *merc.* 525 und *Men.* 182 unterscheidet sich der Voc. Sing. nicht vom Voc. Nom. Plur., der auch geradezu in *mi* umgesetzt ward, *mi homines* und *mi hospites* bei Plautus und Petronius; überliefert war Pl. *glor.* 1330 *ó mei oculi ó mei anime*, beide *mei* wurden in *mi* geändert, dies an erster Stelle gar noch in *mihi*, was beiläufig bemerkt den Kritiker berechtigt in der Schreibung des Dativ *mi* oder *mihi* lediglich nach dem Vers sich zu richten. Zu den irrationellen Eigenheiten der Volkssprache gehört *mi domina* und ähnliches das nach Hadrian auch in der Litteratur Aufnahme fand. Laberius, der *oppido quam verba finxit praelicenter*, bildete Voc. *manuari* (Gellius 16. 7), wie *aquarius sagittarius* im Gen. *aquari sagittari* von den Eigenschaftswörtern abweichen. Es ist übrigens von Wichtigkeit dass des Nigidius Theorie, bei Wörtern wie *Valèrius Vergĭlius* im Voc. *Vàleri* zu betonen, im Gen. aber *Valéri*, im Widerspruch stand mit der Uebung zu Gellius und Priscians Zeit, wo *Valéri* auch im Voc. accentuiert ward (Corssen Aussprache 2, 223), gewis ein Zeichen dass die *abscissio* des *e* allezeit im Sprachbewustsein blieb.

Voc. *Harpage* zum Nom. *Harpax* bei Pl. *Pseud.* 665 ist ein leicht erklärlicher Metaplasmus; liegt ein solcher auch in der Devotion *Dite pater Rhodine(m) tibei commendo* (C. I. L. 1 n. 818) zu Grunde, wie von einem Nom. *Ditus*, oder jene Verschleifung der Nominativform *Ditis* welche oben an *militare* und *simile* dargelegt ward? Freilich konnte auch der wirkliche Vocativ eines *i*-Stammes, hätten ihn die Römer je gebildet wie die Griechen ihr μάντι, nicht anders als *Dite* auslauten.

Accusativ des Singularis.

Die beiden natürlichen Geschlechter — denn bei den Neutra ist Accusativ und Nominativ eins — nehmen bei vocalischen Stämmen *m* an wie in den andern italischen Sprachen, dem griechisch ν entspricht, lat. *Luciom* um 520 d. St. griech. ΛΕΥΚΙΟΝ. Also bei den *a*-Stämmen *portam tabolam* und ebenso *glaucumam*, bei den *e*-Stämmen *pauperiem nequitiem tristitiem* (neben *tristitiam* oder wie bei Turpilius 126 zu schreiben ist: *ante facta ignosco, mitte tristitatem, Dorcium*), bei den *o*-Stämmen bis ins 6e Jahrh. *locom Alixentrom*, genau so wie umbr. *poplom* und osk. *dolom*, im 7n Jahrh. auf der genueser Tafel als Nachzügler *floviom* wohl unter Einfluss des *v*, regelmässig *avom suom* bis zu Ende des 8n Jahrh. neben *populum dolum*, endlich bei den *u*-Stämmen *conventum tribum*, denn *grus* Acc. *gruem* folgt stets, *sus* Acc. *suem* fast stets der consonantischen Declination. Die Endung *im* findet sich nur bei *i*-Stämmen und zwar bei wenigen, bei der Mehrzahl derselben und bei allen consonantischen *em*. Es liegt daher nahe zu glauben, dass von Haus aus *em* der consonantischen Declination eigen sei, geschwächt aus ursprünglichem *am*, lat. *fratrem* altind. *bhrátaram*, und dass die *i*-Stämme ihr Suffix so oft mit dem consonantischen vertauscht haben, weil die Zunge zeigt dass *e* ein weit bequemerer Vorschlag des *m* ist als *i*. Aber die Vergleichung des gräcoitalischen Sprachkreises scheint ein anderes zu lehren: im Griechischen ist das Suffix bei consonantischen Grundformen α nach Schwund des schliessenden Consonanten: φράτορα, im Umbrischen *u* oder in jüngerer Schrift *o*, soweit unsere Quellen reichen, gleichfalls ohne Spur eines Consonanten: *uhturu* und *curnaco* (lat. *auctorem* und *cornicem*), zu beiden passt lat. *em* schlecht. Anderseits bilden Grundformen auf *i* im Umbrischen den Accusativ sowohl auf *em* als auf *im*, wobei *m* oft abfällt, *peraknem* und *serakni(m)* lat. *perennem* und *sollennem*, und im Oskischen ist *im* oder in lateinischem Alphabet *im* der *i*-Declination und der consonantischen gemeinsam, *slagim* St. *slagi* und *medicim* St. *medik*. Es wird dadurch wahrscheinlich dass auch im Latein *em* die alte Bildung der *i*-Declination war, *aidilem* wie Nom. *aidiles*, und von dieser auf die consonantische übertragen. Den consequenten Uebergang von *em* in *im* hinderte die lautliche Verwandtschaft von *e* und *m*; zur ausschliesslichen Geltung kam der spitzere Vocal wohl allein in *vim*, wo die Einwirkung des *v* vermutlich stärker war als die des *m*; selbst bei griechischen Wörtern wie *basim* sind Nebenformen auf *em* keineswegs unerhört. Auf Inschriften bis Augustus findet sich sonst nur *turrim* und sehr alt *parti* für gewöhnliches *partem*, denn die secundäre Unterscheidung an sich identischer Formen wie *partem* und *partim* nach der nominalen und adverbialen Function war im J. 594 noch nicht durchgedrungen (Ter. *ad.* 23), dazu die fremden Flussnamen *Lemurim* auf dem genueser und *Tanaim* auf dem ancyraner Denkmal. Die Handschriften können nicht viel Glauben in dieser Frage ansprechen: bei Plautus lese ich *glor.* 1187 f. 1300. 1303, *Men.* 25 im Text *narim* aber in der besten Handschrift *navem*, was *Men.* 26 allgemein überliefert ist, *most.* 161 *messim* und *trin.* 33 *messem*, *most.* 404 u. 425 *clarem* und *clarim*. Während bei *decem undecim* der Laut- durch den Tonwechsel erfolgte, war für diese fast lauter paroxytonierten Accusative ohne Zweifel der Consonant vor der Endung von Einfluss, wie schon Reisig (Vorles. über lat. Sprachw. p. 88) hervorhob: man vergleiche nur *clavim navim pelvim rarim vim*, *cratim lentim neptim restim* (*restem* Or. 6404) *sementim* (Cato r. r. 27, aber *sementem* Plautus *Men.* 1012) *sitim, messim* (aus *met-ti*) *amussim tussim, febrim securim turrim*. Eine kritische Revision und Vervollständigung der Belege aus Handschriften, die nach Schneider Formenl. p. 206 immerhin wünschenswerth bleibt, wird vielleicht zu einer Erweiterung des von den alten Grammatikern erwähnten Kreises von Wörtern führen. *burim* brauchte Varro als Masculinum, wie jeder *Tiberim*. *securim* empfahlen Charisius und Priscian, sagt Cicero regelmässig (*in Verrem* 5, 47, 123 *securem* nach den besten Quellen), bezeugt Gellius für Verg. *Aen.* 2, 224: *securem* billigt Consentius ausschliesslich und bezeugt Priscian für Verg. *Aen.* 11, 656 gegen unsere gleich alten Handschriften. Die Grammatiker, welche sich fertigen Thatsachen ohne Gesetz gegenüber fanden, suchen ein Gesetz zu schaffen: Plinius der *im* ausser den drei Worten *febrim tussim sitim* nirgends zuliess, der für *navem* sowohl als für *avem* den Accusativ mit *i* verbot auf Grund dessen dass nach seiner Doctrin der Ablativ *ave* und *nave* lautet (Charisius p. 129, 17 u. 126, 7), entbehrt bereits des lebendigen Sprachgefühls, das Valerius Probus bewährt, wenn er die Wahl zwischen *turrem* und *turrim* seinem Ohr überlässt (Gellius 13, 21). Abgesehen von den Nomina hat sich *im* als die regelmässige Form accusativischer Adverbialbildung von *i*-Stämmen eingebürgert, *statim* St. *stati* der weitergebildet ward zu *station*, wie *partim* St. *parti* weitergebildet im Nomen *portio* und Verbum *partiri, sensim minutim minutatim* u. a. (Corssen krit. Beiträge p. 283). Der im Adverbium erstarrte Accusativ drückt die Art und Weise aus, das innere Object einer Handlung, wie derselbe Casus sonst das Ziel, das äussere Object: *passim, opitulatum, exsequias, Acheruntem ire* lauter Accusative mit verschiedener Nuancierung der Casusbedeutung. In der bei den Scenikern üblichen Wendung *ne frustrā sis* liegt keine Schwächung des später allein gebrauchten Abl. *frustrā* vor, auch nicht etwa Verstümmelung von *frustram*, da dergleichen Plautus vom letzten Fuss ausgeschlossen hat (*décem minas*, also *dece* im Senarschluss bei Terenz *Phorm.* 667 hat Bentley wohl mit Recht beseitigt), sondern ein Acc. Plur. Neutr., als ob *frustra agere* stünde, mit transitiver Natur von *esse* wie in *nugas es* und in anderen Sprachen. Man muss beachten dass gerade die ältesten Autoren bei rein örtlicher Bedeutung des Accusativs oft die Zuthat einer Präposition für nötig halten, Plautus *mulierem in Ephesum advehit* neben dem blossen Acc., die beinahe ein Jahrhundert späteren Argumenta nur noch *Ephesum archit*. Adverbia auf *im* hat die Sprache in der vorclassischen Zeit, dann wieder beim Verfall in grossem Reichtum hervorgebracht, doch steht auch ihnen eine ältere Bildungsweise auf *em* gegenüber, denn die Priorität von *autem* und *item* vor *perpetim* oder *mixtim* wird wohl niemand bestreiten; beide Endungen verhalten sich zu einander wie uranfängliches *mentem* (St. *menti* ersichtlich aus *mentio* und *mentiri*) und gegen das 6e Jahrh. hin *parti(m)* C. I. L. 1 n. 187. Neben *saltem* bestand *saltim* (in guten Hss. von Plautus an z. B. *glor.* 1211 bis über Seneca z. B. *epist.* 91, 10 hinaus). Die consonantischen Grundformen nehmen alle *em* an, *auspicem militem architectonem gutturem*; Veränderungen des Inlauts bei diesen wie *meliorem* aus *meliosem*, und sonst, wie dass alle Römer vor Cicero *Piraeum* dreisilbig sagten, keiner aber, was man irrig den Cicero *ad Att.* 7, 4, 10 für seine Vorgänger bezeugen lässt, viersilbig *Piraecum*, bedürfen hier keiner Ausführung.

Dass das schliessende *m* die Silbe notwendig lang mache, rückwirkend den Vocal verlängere (Lachmann zu Lucr. p. 130), ist unrichtig; darauf dass Priscian in *meridiem rem* kurzes *e* hörte (7 § 94 mit dem charakteristischen Zusatze *numquam enim ante m terminalem longa invenitur vocalis*) darf kein Gewicht gelegt werden, aber genug Beispiele der Alten lehren dass auch beim Abfall des *m* der Vocal kurz bleibt. Anderntheils konnte, wo *m* schwindet, und im Vers schwindet es immer vor anlautendem Vocal, die Zeitdauer des Consonanten dem Vocal zugelegt werden. Die Endungen *am em um* waren demnach mittelzeitig; die Kürze erscheint in *erăm fugissĕnt* Pl. *Stich.* 312, *manŭm da et sĕquere* oder *manŭm si Bacch.* 87 und *Pseud.* 860, *patrem sodalis Bacch.* 404, *pro deŭm fidem făcinus* Ter. *eun.* 934; allerdings in Wörtern welche der häufige Gebrauch am ersten abgeplättet haben wird; die Länge in den Saturniern *Taurasiá Cisauna Samnió cepit, duonoro optumó fuise viró, subigit omné Loucanam*, in der dramatischen Metrik wenn *rĕm agit* nicht pyrrhichisch gemessen wird sondern als Tribrachys mit einem Hiatus, der nur langen Vocalen oder Diphthongen zukommt, und ganz ausnahmsweise in der daktylischen . wenn man die Synaloephe vermied *inimicitiám agitántes* oder *venerăta virŭm hunc sédula curet*. Die Schreibung des *m* greift im 6n Jahrh. allmählich durch, die älteste Scipionengrabschrift C. I. L. 1 n. 32 hat von neun Accusativen nur einen auf *m*, *Luciom*, sonst *Corsica oino Scipione*, die zweite n. 30 unter fünf einen *Loucanam*, die dritte metrische n. 34 *magna sapientia honore* neben *saxsum*, die vierte n. 33. welche kaum jünger als die dritte um das J. 600 fällt, lässt das *m* in *apice* und *gremiu*, wie die Tafel andeutet, nur weg weil der Steinmetz mit dem Raum nicht auszureichen fürchtete, endlich in der distichischen auf den Prätor des J. 615 fehlt *m* nirgends. Amtliche Urkunden gehen mit constanter Schreibung voran wie das SC. Bac. vom J. 568, bei einigen Wörtern erhält sich alte Gewohnheit länger, z. B. *in manu palam dato* Z. 51 der lex repet. vom J. 632 wie jenes plautinische *manu(m) da*, hier und da auch später noch in gut redigierten Documenten wie in Fasten p. 478 *pace fecit* zum J. 713 neben *pacem fecit* zum J. 714, im nicht urbanen und vulgären Latein blieb *m* vernachlässigt, *porticu faciundu coirarit* C. I. L. 1 n. 801 auf der Inschrift eines transtiberinischen *magister pagi*, bei Fabretti 53, 309 *in via Ardeatina respiciente longu, latu, coeptu* jedesmal ohne den Consonanten, daher seit dem 3n Jahrh. unserer Zeitrechnung der Ablativ folgt auf Präpositionen die den Acc., und der Accusativ auf solche die den Abl. regieren, indem syntaktische Regellosigkeit und Verwirrung der Formen sich in die Hand arbeiteten; in plebejischen Hexametern *huic tumulo possuit ardénte lucernam* (I. R. N. 166) und *circavi totam regióne pedestrem* (Hermes 1, 343) kehrt jene Incorrectheit wieder, welche die dramatische Verskunst des 6n Jahrh. nur noch im kleinsten Umfange geduldet hatte.

Erwähnt seien schliesslich *illa Censorii Catonis 'diee hanc'*, dergleichen Quintilian 9, 4, 39 in alten Büchern fand, Grammaticaster aber aus Unwissenheit zu ändern pflegten. Jenes *dice* steht keineswegs, wie Schneider Formenl. p. 361 meinte, für ursprüngliches *diecm* dreisilbig, eine Accusativbildung welche nicht existiert hat, sondern zweisilbig für *die*, indem die oben begründete Länge durch Doppelung des Vocals ausgedrückt ward, wie in *ree fuit, ee vero* C. I. L. 1 n. 1011 und öfter. Und eben darum ist jene Form von Interesse, weil daraus erhellt dass die von Velius Longus p. 2220 dem Attius zugeschriebene Einführung der vocalischen Gemination keine Neuerung des Tragikers war, der um 585 geboren vor Catos Tod im J. 605 noch keinen Einfluss erlangt haben konnte, sondern schon ein oder zwei Decennien vorher in Anwendung gekommen war, ehe Attius dies Längezeichen theoretisch fest stellte und dadurch wenigstens für die Dauer seines Lebens zu allgemeiner Geltung brachte (Ritschl mon. epigr. tria p. 22 ff.). Während die hadrianischen Grammatiker die Erfindung von dem Theoretiker datieren, der sie im Grunde nur weiter verbreitet, war der Schüler Palämons noch genauer unterrichtet, als er schrieb *usque ad Attium et ultra porrectas syllabas geminis vocalibus scripserunt* (Quint. 1, 7, 14). Das catonische *diee* hat Quintilian schwerlich für drei Silben angesehen nach seinem Zusatz *acque m littera in e mollita*, nemlich ebenso wie *s* in *Aeserninus fuit* erweicht ward; er theilt aber auch unsere Auffassung nicht, insofern er das zweite *e* für einen bei Verflüchtigung des *m* vor folgendem Vocal entwickelten Nachschlag des ersten zu erklären scheint. Uebrigens ward das schliessende *m* auch vor consonantischem Anlaut von den Alten nur matt, halb näselnd gesprochen: *hanc culpam maiorem an illam dicam* beleidigte die Empfindsamkeit des Römers, weil er das Schmutzwort *landicam* hörte (Cic. an Pätus 9, 22, 2); geradezu *n* ist geschrieben in *gratian referre* I. R. N. 7084, schon in der lex Iulia munic. Z. 104 *libitinanve faciet*.

Beim persönlichen Fürwort *me te se*, lang wie altindisch *mām tvām*, sonst gleich dem griechischen μέ, τέ oder cέ, Fέ aus cFέ. *mehe pro me apud antiquos tragoediarum praecipue scriptores in veteribus libris invenimus* Quintil. 1, 5, 21: verwechselte er *me* mit dem Dativ, der *mihe* und älter wohl auch *mehe* wie im Umbrischen lautete, oder ward *me* durch eine Partikel verstärkt wie griech. ἐμέγε goth. *mik*, sodass *h* aus urspr. *gh* entstund? Wir finden die Form weiter nicht; Pacuvius *trag.* 143 schrieb *quondam (ei mihi!) piget paternum nomen, maternum pudet profari.* Die Accusative wurden mit *d* geschrieben bis gegen Ende des 6n Jahrh.: *Novios Plautios med Romai fecid* sagt die Ficoronische Cista C. I. L. 1 n. 54, die alten Grammatiker bezeugen die *d*-Form als Accusativ ausdrücklich, so Charisius' und Diomedes für den ersten Vers des Curculio: *quo ted hoc noctis dicam proficisci foras*, unsere Handschriften gewähren sie in Uebereinstimmung mit dem metrischen Indicium ziemlich oft. z. B. Pl. *Bacch.* 357. 571 (wo *tet* in D geschrieben wird) 909, *Stich.* 756, *Men.* 942; sieht man also auch ab von *inter sed* im SC. Bac. und *apud sed* in der tab. Bantina, wo allerdings möglich aber gar nicht wahrscheinlich ist dass das Pronomen bei freierer Rection der Prä-

positionen im Ablativ steht, so müste man doch alle geschichtliche
Quellenkunde preisgeben, um das wirkliche Alter und die Echtheit jener
Formen in Abrede zu ziehen. Es genügt hier eine Anomalie des ältesten
Latein zu constatieren, für welche seine eigene und der verwandten
Sprachen Casusbildung keinen Anhalt gibt, vermutlich im Volksidiom
aus Verwechselung des Accusativ mit dem Ablativ erwachsen, durch die
frühe Abschleifung des ablativischen *d* in der Aussprache wesentlich
unterstützt (anders Umpfenbach meletemata Plaut. p. 4). Die Länge des
Vocals bleibt in *meme tete, memet*; mit anderm Affix alt *mepte*, neben
seese wie das bantische Gesetz schreibt *sepse* noch bei Cicero (vielleicht
auch bei Pl. *Pseud.* 833 *eae sépse patinae fervefaciunt ilico*). — Bei
den geschlechtigen Pronomina Masc. *cum* Fem. *eam*, bei den Scenikern
meist einsilbig, in den litterarisch überkommenen Gesetzen der zwölf Tafeln,
bei Cicero *de legibus* und Festus, auch im Vers des Plautus *glor.* 1424
nach der *i*-Declination *em* und *im* vom Nom. *is*; bei Ennius *sum* und
sam wo das Metrum *eum* und *eam* nicht vertrug; in der Composition
eumpse aber *eundem*. *quem* vom Nom. *quis* dient zugleich für das
männliche Relativum, da *quom* als Conjunction fixiert ward 'in welchem
Fall' wie oskisch *pún* (gleichlautend mit der Präposition, z. B. *occisus est
quom Caepione* auf dem Grab eines im J. 664 gefallenen, mit jüngerer
Lautierung *cum* seit dem 7n Jahrh. ohne Unterschied der Präposition
oder Conjunction, nur dass für letztere *quom* nie ganz abhanden kam);
das weibliche Relativum *quam* streift den Charakter eines Casus ab als
Partikel 'in welcher Weise' wie oskisch *pam* oder *pan*; in der Composition regelmässig *quamque in urbem* neben dem obsoleten Fem.
quemque (Pl. *Pseud.* 185), aber immer *quemquam porcellum*. Um das
J. 500 *honc oino*. wofür bald *hunc unum* substituiert ward, Fem. *hance*
und öfter *hanc*; Formen ohne Affix wie *hum* und *ham* sind mir auch auf
plebejischen Inschriften nicht aufgestossen, in manchen Stellen der Dramatiker wie *Stich* 611 *pér hănc tibi cenam incenato* fällt *hanc* nicht
voller ins Gehör als *ha(m).*

Accusativ des Pluralis.

Der Plural wird, wie die verwandten Sprachen lehren, aus dem
Singular gebildet durch Vermehrung desselben mit *s*: *formas* ist aus
formams entstanden, indem *m* zunächst in *n* übergieng (kretisch πρειγευ-
τάνς für attisches πρεсβευτάс). *n* aber dem *s* sich assimilierte (oskisch
feihúss mit Doppelung des *s* welche das Latein nur im Inlaut und auch
da nicht immer durchführt, *formonsus formossus formosus*). Ebenso
aus Acc. Sing. *filiom* Plur. *filios*, wo ohne den Nasal *o* auch zu *u* gesunken wäre (*annus quatur* christliche Inschrift bei de Rossi 1 p. 204, 473
für *annos quator*), aus *rem res*, aus *sinum sinus* (in der Inschrift bei
Orelli 5326 *aqua] coloniae sufficiens et per plataeas lacuus inpertita*
bezeichnet *uu* die Vocallänge wie sonst *casús ritús*). Bei den Grundformen auf *i* und den consonantischen war das Suffix des Acc. Sing. *em*
und *im*, wovon *im* nur bei wenigen auf *i* überhaupt, bei noch wenigeren
vorzugsweise Geltung erlangte, weil sich dem *m* leichter *e* anschmiegt;

jenem entspricht das Pluralsuffix *es* und *is*, wovon *is* in der classischen Zeit für die *i*-Stämme sehr oft, bisweilen auch für consonantische gewählt ward, weil dem *s*-Laut nach Ausweis des vulgären Vorschlags in *ispes* oder *Isticho* der Vocal *i* ganz bequem war. Im historischen Latein also ist die ältere Endung bei der *i*-Declination wie bei der consonantischen *es*, welche erst auf jüngerer Sprachstufe, in ausgedehnterem Maasse etwa seit dem 7n Jahrhundert, in *is* übergeleitet ward durch die Mittelform *eis*; es ist eine irrige Vorstellung wenn man von *is* als ältester Bildung im Lateinischen wie πόλις im Griechischen oder von 'der späterhin allgemeinen Form auf *es*' redet, eine Vorstellung welche den vorhandenen Denkmälern widerstreitet und über den mittelitalischen Sprachverband hinausgreift, wie die Vocalisierung des Acc. Plur. im Umbrischen *avef aveif avif* ergibt (lat. *aves aveis avis*). Endungen wie *hostes pisces dentes imbres* hat das Latein von jeher gehabt und trotz der Decrete mancher Grammatiker nie aufgegeben, Endungen wie *indices hospites praecones meliores* sind allezeit vorwiegend im Gebrauch gewesen. Es bedarf vielmehr nur einer Untersuchung über den Umfang der Casusbildung auf *eis* und *is*. Im Arvallied steht *pleoris* zweimal neben *pleores*, auf der Duellius-Inschrift *clasesque navales* und *claseis Poenicas* und *copias Cartaciniensis*, letzteres mit *i longa* geschrieben, alles triftigere Zeugnisse für die Kaiserzeit und deren sprachgeschichtliche Meinungen als für das wirkliche Latein des 5n Jahrhunderts. Zuerst begegnet *eis* auf dem Meilenstein des Popillius vom J. 622 in *ponteis omneis*, dann auf der genueser Bronze vom J. 637 *fineis omneis Genuateis* neben *Genuatès*, ferner *calleis* in der lex agraria vom J. 643, *Decembreis* und *omneis* in der l. Cornelia vom J. 673, *civeis* und *fineis* in der l. Termens. vom J. 683, *Octobreis* und *Quinctileis* zu Pompeji und Furfo in den J. 676 und 696, zuletzt *Alpeis* in der l. Rubria vom J. 705, die übrigen undatierten Beispiele *tristeis turreis baseis* (Hübners Index p. 604) gehören ebenfalls dem 7n Jahrhundert an und spätestens dem Anfange des 8n; ein Curiosum ist der Archaismus *civeis* auf der africanischen Inschrift bei Renier 1521 aus der Verfallzeit. Im Plautustext, dessen erste Redaction dem 7n Jahrhundert verdankt wird, sind hier und da Formen derselben Art sicher überliefert, *aureis* im *Persa* 182, *omneis* 325, *liteis* Stich. 79, *plureis* 607; noch bei Sallust im Anfange des Catilina las man *omneis homines* (Cap. 51, 1 dagegen *omnes homines* nach Charisius p. 139, 22) und bei dessen Zeitgenossen ähnliches; wenn unter Nero der Tragiker Pomponius Secundus behauptet hat, man müsse *omneis* und nicht *omnes* sagen (Charisius p. 137, 23), so ist gewis dass diese reactionäre Theorie 100 Jahre zu spät kam und keine Nachfolge fand. Die inschriftlichen und sonst zweifellosen Beispiele zeigen *eis* nur wo Grundformen auf *i* existierten wie *fini* und *Genuati*; auch Varro nahm an dass der Acc. Plur. auf *eis* ausgehen könne wo der Gen. Plur. *i* vor der Silbe *um* habe mit Ausnahme der Nomina *falces merces aves luntres ventres stirpes urbes corbes rectes neptes* (Charisius p. 129, 19); desto auffälliger ist dass Stilo die Bildung der Comparative auf *eis* wie *ferocioreis* gestattet haben soll und dass Plinius nicht bloss in seinem Cäcilius *facilioreis sanctioreis* sondern

selbst bei Cicero *maioreis* gefunden hat (Charisius p. 129, 31. 130, 4.
137. 27), so anomal gebildet wie *pleoris plureis*. Der Meilenstein des
Popillius gibt Acc. *aedis* neben *omneis*, andere Urkunden des 7n Jahrhunderts *omnis litis finis Octobris Sextilis turris*, insgesammt die republicanischen Inschriften keine 30 Beispiele bei etwa 15 Wörtern (Hübners
Index p. 604). die auf das J. 649 gestellte über einen Mauerbau zu Puteoli
kennt nur die Endung *omnes* und *fores*. Jene Beispiele sind auf Grundformen mit *i* beschränkt; nur auf eines Libertinen Grabschrift C. I. L. 1 n.
1027 aus Cäsars Zeit steht *hominis misericordis amantis pauperis*;
wenn die lex Iulia munic. gegen den Schluss einmal *municipis* und einmal
municipieis schreibt, letzteres wohl durch Mischung von *is* und *eis*. so ist
zu beachten dass dieselbe Z. 145 den Gen. Plur. *municipium* bildet und
dass noch die Bronze von Malaga Or. 7421 den Nom. Sing. *municipes*
Gen. Plur. *municipium* als Nebenformen zu *municeps municipum* darbietet. Augustus Regierungsbericht gewährt meist *es*, *fines gentes
labentes*. siebenmal *is*, *finis omnis currulis pluris agentis inferentis*
und bei einem sonst consonantisch flectierten Nomen *consulis* (Mommsens
Ausgabe p. 147). In den pränestinischen Fasten *omnis calendas*. auf den
Inschriften bei Or. 6428 und 5375 um das Jahr 754 *ciris* und *turris* mit
i longa, desgleichen *annos tris* im elogium 20; in Claudius lyoner Rede
pluris aber *fines*. Für die folgende Kaiserzeit, wo man das inschriftliche Material noch nicht übersieht, muss eine behutsame Prüfung auch
den vulgären Lautwechsel von *e* und *i* in Rechnung bringen, da in amtlichem Document unter Domitian *eiusdem condiciones* neben *eiusdem
condicionis* auftritt. Varro hörte *hos montis*, *fontis* neben *hos montes*,
fontes und *gentis* neben *mentes* und *dentes* (*l. lat.* 8. 66); während
Varro nur *urbes* gelten liess, gebrauchte Vergil auch *urbis*, und Probus
leitete solche Schwankungen des Dichters von euphonischen Rücksichten
her. Asper sagte, wenn im Gen. Plur. *i* bleibe, müsse dies auch im Acc.
gewahrt werden. Plinius leugnete was Varro und andere bejaht hatten,
*ea nomina quae nominativo singulari et genetivo per is terminabuntur
et genetivos plurales per ium loquentur. accusativos in eis posse dicere*,
und nahm hier die Endung *is* an, wenn ich des Charisius Notizen richtig
deute. Dieser selbst verlangt den Acc. Plur. *is* bei den auf *is* endigenden
Wörtern die ohne Silbenvermehrung im Dat. Sing. *i* haben, wie *caelestis
hos caelestis*, und macht vom Acc. Plur. *is* abhängig ob der Gen. Plur.
auf *ium* ausgehen soll (p. 43. 6). Priscian stellt für die im Nom. und
Gen. Sing. gleichlautenden Nomina wie *omnis* als die gewöhnliche Form
des Acc. Plur. *is* auf, *es* als die seltnere; dazu hätten die im Nom. Sing.
auf *er*, *ns* und *rs* endigenden Nomina häufig *is* wie *celeris fontis partis*,
selten die auf *x* wie *tenacis*, andere obwohl sie im Gen. Plur. *i* vor *um*
aufnähmen wie *civitas civitatium has civitates* fast nie (7 § 84 ff.). Jedenfalls bestätigen die Aussagen der Grammatiker im Verein mit den Inschriften, dass ein Acc. Plur. *religionis*, den Lachmann zu Lucr. p. 50
durch einen fehlerhaften Abdruck der lex Cornelia getäuscht für zulässig
erachtete, dem mustergiltigen Latein aller Perioden fremd war. Denn
den handschriftlichen Formen kann in diesem Falle nur so weit sie den

sonst gesicherten Ergebnissen nicht widersprechen, Beweiskraft beigelegt
werden, und der Versuch O. Kellers (rhein. Mus. 21, 241—246) bestimmte Regeln für die Accusativendung *is* bei den augusteischen Dichtern aus den Collationen zum Theil mittelmässiger Handschriften zu ziehen,
bleibt für jetzt, wahrscheinlich sogar für immer in all den Punkten problematisch, welche über die ausdrücklichen Zeugnisse alter Grammatiker
hinausgehen. Wenn bei Plautus *Bacch.* 580 u. 650 *tris*, 832 *tres* ohne
Variante überliefert wird, so hindert nichts an die Authenticität der Formen zu glauben. *vis multas* sagten Lucrez Sallust Messalla statt des
üblichen *vires*, das bei Plautus und Lucrez auch *vris* geschrieben wird.
Folgende Beispiele aus Plautus *glor.* können einen Ueberblick des Gebrauchs von *is* in Handschriften überhaupt geben: *legionis* 17 u. 224,
virtutis 32. 655. 1027, *moris* 40, *latronis* 74, *meretricis* 93, *aedis* 121.
310 und sehr oft, *amantis* 139, *osculantis* 176, *omnis contubernalis*
184 (die älteste Hs. A allein *omnes contubernales*), *omnis molis* 191,
omnis auch 662 (bloss B *omnes*) 658. 1232, *hostis* 219, *perduellis* 222,
foris 328 u. 1296 (aber B 328 und alle Hss. 342 *fores*), *auris* 358,
inprudentis 432, *imbricis* 504, *oboedientis* 611, *tris hominis* 660, *artis*
669, *similis sermonis* 699, *crinis* 792, *lepidioris* 804, *partis* 811,
mercis 1023, *praegnatis* oder *praegnantis* 1077, *maris* 1113, *exeuntis*
1136, *piscatoris* 1183, *peioris* 1218, *civis* 1289: gegen die meisten
lässt sich nichts einwenden, die Comparative schrieb Stilo ja wie die
Participialformen mit *eis*, immer aber bleiben sicher irrige Formen wie
hominis und *piscatoris* zurück. Genauer lässt sich das allgemeine Ergebnis zunächst nicht fassen, als dass die *i*-Stämme und diejenigen consonantischen welche aus *i*-Stämmen entstanden sind wie *lit* Nom. Sing.
lis oder auch in der übrigen Flexion die *i*-Form annehmen wie *amantium*
und *amantia*, im Acc. Plur. die Endung *es* früh in *eis* und *is* umsetzten,
sodass in der Blüte der Litteratur bei einigen Wörtern z. B. *omnis finis
turris pluris Decembris* die Bildung auf *is* der auf *es* sichtlich vorgezogen, nirgends aber ausschliesslich angewandt ward. Bei rein consonantischen Stämmen wie *sermon* wird der welcher den Acc. Plur. *sermonis* aus Handschriften aufnimmt, zuvor nachweisen müssen dass er sich
auf eine bessere Autorität als die der schlechtesten Latinität stützt.

Die regelmässige Länge der Endung hat ihren Grund in dem vor *s*
ausgefallenen Nasal; wie aber der Acc. Sing. bei den Dramatikern das *m*
ohne Ersatzdehnung verlieren und so *manum* vor folgendem Consonant zu
zwei Kürzen werden konnte, ebenso haben sie bisweilen auch im Acc. Plur.
die Endsilbe geschwächt, indem das auslautende *s* nicht gerechnet und
der vorhergehende Vocal als kurz behandelt ward: *dŏmŏs patres patriam
ut colatis* Nävius com. 94, *move mănŭs properă* Pl. *Persa* 772, *mănŭs
ferat Bacch.* 480, *fŏrĕs pultabo trin.* 868, *nisi mavolt's fŏrĕs et postes
comminui securibus Bacch.* 1119, *bŏnŭs ut aequomst facere Stich.* 99,
auch bei Terenz noch im Septenar vor Vocalen *ăc fŏrĭs aperi ad.* 167
und *expedit bŏnŭs esse vobis hautont.* 388, gegen welche Stellen niemand einwenden wird dass nach Schwund des *s* Synaloephe der zusammentreffenden Vocale stattfinden konnte wie im ennianischen *palm' et crinibus*

für *palmis* (Cicero *orat.* § 153). Der im 6n Jahrhundert zugelassenen Verkürzung von *manŭs* ist analog der Uebergang im Inlaut aus *quamsei* oder *quansei* (lex agraria Z. 27) in *quăsei*. Was durch strengeres Gesetz in Vers und Sprache dann verworfen ward, lebte im Volksmund fort: ein plebejischer Hexameter lautet *Donata pia iusta vale, serva tuös omnes* (Inschrift bei Renier 283). Die geschlechtigen Pronomina weichen in nichts von den o- und a- Stämmen ab, *hos* und *has, quos* und *quas, eos* und *eas, illos* und *ollas* (Pl. *glor.* 669). Im ennianischen Vers *ann.* 103 *nam sibi quisque domi Romanus habet sas* erklärte Verrius, der *sos* für *eos* bei demselben Dichter wiederholt gelesen, richtig *eas*. unrichtig wie der Plural beweist Festus *suas*, indem er sich volkstümlicher Schreibungen wie *sa pecunia* (Inschr. in den Jahrbüchern des archäol. Instituts 1856 p. 23, 132) und *iungar tis umbra figuris* (Ritschl bonner Progr. Sommer 1852 p. 16) oder des von Alters her so tradierten *lumina sis oculis bonus Ancus reliquit* erinnerte. Den männlichen Formen der übrigen Pronomina sehen *nos*, im Arvallied *enos*, und *vos*, die zugleich als Nominative fungieren, sehr ähnlich, während beim Reflexivum auch für den Plural *se* dient, wie die attischen Dichter cφέ für jedweden Numerus gebrauchen.

Genetiv des Singularis.

Bei den consonantischen Stämmen ward das ursprüngliche Suffix *as* im Gräcoitalischen zu *os*, im Lateinischen zu *us*, das in 12 Beispielen erhalten ist, besonders bei Eigennamen auf römischen und campanischen Inschriften vereinzelt bis zur Mitte des 7n Jahrh., rusticam noch auf den glandes Perusinae des J. 713: *Castorus Venerus Cererus Honorus Caesarus patrus nominus hominus praevaricationus* (Hübners Index p. 603) wie Κάστορος πατρός. Der Uebergang in *es, is* erfolgte wahrscheinlich durch Einwirkung der *i*-Stämme, wie auch im oskischen und umbrischen Gen. Sing. die consonantische und die *i*-Declination zusammenfällt. *Salutes pocolom* findet sich schon vor dem hannibalischen Kriege, desgleichen scheint C. I. L. 1 n. 187 *vicesma parti Apolones dederi* gleich *Apollonis*, endlich ebenda 811 *Cereres*. Die gemeinigliche Endung ist *is* in *vocis pedis bovis auctoris* usw. für griech. Ϝοπός ποδός. Bei unsern Texten darf man natürlich aus den Handschriften nicht auf älteres *es* für *is* schliessen: *virgines* bei Ennius *ann.* 103 steht für *virginis* oder *virgine*, bei Plautus *trin.* 1153 bezeugt Nonius ausdrücklich den Gen. *non ego sum dignus salutis* statt des Abl. *salute dignus* unserer Hss. die an Alter mit den Quellen des Nonius sich gar nicht messen können. Das auslautende *s* fällt im alten und vulgären Latein ab: *Caesaru* C. I. L. 1 n. 696, *ante aedem Serapi* in der Bauurkunde n. 577 vom J. 649 und *Serapi medicina utor* Varro in einer Satire (denn Gen. *Sarapis* war üblicher als *Sarapidis*) wie *Isi* auf einer Inschr. in den ann. dell' inst. archeol. 1855 p. 85. *Palaestrioni somnium* ohne *s* geschrieben Pl. *glor.* 386, wie ohne *s* gesprochen im Senaranfang *militis qui amicam* Pl. *Bacch.* 574, im Ausgang des Septenars *Sosia Amphitruónis sum*

Amph. 411, der Hexameter *Hyperionis cursum* oder *liminis parte* bei Ennius und Lucrez, Gen. *admirabili pueri* auf africanischer Inschr. bei Renier 3420. — Die *i*-Stämme sind von den consonantischen im geschichtlichen Latein nicht zu scheiden: Gen. *piscis vitis cerilais* könnte von Grundformen *pisc vit cerial* nicht anders gebildet sein, *partus* für *partis* in der tab. Bantina ist vom St. *pari* abgeleitet. Möglich ist dass Gen. *avis* aus *avius avios* entstund wie *alis* aus *alios*, in welchem Falle für die älteste Sprache Länge der Endung, *avīs* oder *aveis* vorauszusetzen wäre. Vielleicht bewahrt eine Spur davon der Senar aus sullanischer Zeit (C. I. L. 1 n. 1009) *amor parenteis quem dedit natae suae*, ein Genetiv der genau mit dem oskischen *Herentateis* und *Lúvkanateis* von *i*-Stämmen stimmt. Beispiele für Abwerfung des *s* sind schon vorhin aufgeführt, da ich eine abweichende Behandlung der *i*-Stämme in diesem Punkt nicht erweisen kann; bei Lucrez ist 1, 591 *inmutabili' materiae* und 5, 1434 *mundi versatili'* emendiert, Plautus hat *corporist* (*glor.* 997) für *corporis est*, ob aber *civist*?

Die *u*-Stämme wahrten das Genetiv-Suffix in älterer Gestalt, da sich *o* nach *u* regelmässig hält: *senatuos* constant im SC. Bac., *magistratuos* I. R. N. 3901. Wenn auf ziemlich späten Inschriften *domuus* (Boissieu Inschr. von Lyon p. 28) *exercituus conventuus* (Ritschl mon. epigr. tria p. 7) geschrieben wird, so kann im einzelnen Falle der doppelte Vocal zur blossen Bezeichnung der Länge verwandt sein. Durch Contraction *sumptūs* und *fructūs* seit Beginn der Litteratur; Gen. *senatus* begegnet verhältnismässig spät, auf republicanischen Inschriften nur zweimal n. 635 u. 1149 und nicht vor Sulla, dann in Augustus Regierungsbericht beständig und in der Kaiserzeit. Eine andere Art der Zusammendrängung war die in *os*, wie von *quattuor* in *quattor*; Augustus schrieb *domos genetivo casu singulari pro domus nec umquam aliter* nach Sueton Oct. 87, womit Marius Victorinus p. 2456 übereinstimmt; im Neuumbrischen tritt *o* an die Stelle von ursprünglichem *u* im Gen. *trifor* St. *trifu* altumbr. *trifus* wie röm. *tribus*. Ohne weiteres Beispiel, wenigstens bei geschlechtigen Nomina, steht die aus *senatus* erwachsene Form *de senatu sententia* im tit. Aletrinas C. I. L. 1 n. 1166 um das J. 620. Neben dem contrahierten *manus* war seit dem Ende des 6n Jahrh. bis in den Anfang des 8n allgemeiner verbreitet *manuis*, wo *i* dem ehemaligen *o* entspricht; *anuis* Terenz, *metuis* Cicero; *senatuis domuis rituis victuis* und andere Beispiele aus Schriftstellern des 7n Jahrh. citiert Nonius Cap. 8 *de mutata declinatione*, Gellius 4, 16 meldet als ausgemacht *M. Varronem et P. Nigidium non aliter elocutos esse et scripsisse*. Einige sprechen, so sagt noch Martianus Capella p. 77, 20 Eyssenh., *genuis* und *cornuis*, aber man muss *genus* und *cornus* im Genetiv sprechen wie *exercitus*. In der That war dies die übliche Form bei Cicero, Lucan, Plinius; daneben erhielten sich aber *genu* und *cornu* mit abgeworfenem *s* wie im obigen *senatu*, da die nachhadrianischen Grammatiker die Indeclinabilität des Neutrum im Singular lehren (Freund im Wörterbuch gramm. Scholien Nr. 3). Endlich schlagen die *u*-Stämme seit der ältesten Zeit in die *o*-Declination um: Plautus gibt *quaesti* (z. B. *most.* 1107 und *Persa* 66) neben *quaestus*, *sumpti* (z. B. *trin*. 250) neben *sumptus*, Terenz regelmässig *quaesti* (*hec*. 836) *adventi fructi*, selten *quaestuis* (*hec*. 735), nie *quaestus* (Fleckeisen krit. Miscellen p. 43); auf Inschriften des 7n Jahrh. gewöhnlich *senati* wie auch bei Sisenna Sallust Cicero und Zeitgenossen (rhein. Mus. 8, 494), ferner *tumulti piscati aesti porti geli laci* von Ennius bis Lucrez so häufig, dass für diese Periode die Bildung auf *uis* und *us* ohne Zweifel zurücktritt.

Während bei den *u*-Stämmen die Endung *ās* nicht für ursprünglich, durch Ansatz eines *s* an den gedehnten Stammvocal entstanden, gelten kann, darf umgekehrt bei den *a*-Stämmen die Endung *ās* nicht erst als contrahiert aus *a-is* betrachtet werden; die gleichartigen Genetive im Oskischen *eituas* (lat. *pecuniae*), im Umbrischen *tutas* (*civitatis*), im Griechischen coφίας beweisen das Vorhandensein dieser Bildung bei weiblichen Grundformen auf *a* vor allem Latein. *escas Latonas fortunas vias* las man bei Livius Nävius Ennius, *Alcumenas* hat Plautus, und ich sehe nicht ein weshalb derselbe *Bacch*. 307 *Dianae Ephesiae* oder *Persa* 409 *pecuniae accipiter* den fehlerhaften Hiatus nicht sollte vermieden haben durch die Schreibung *Dianas* und *pecunias*, wofür man freilich keine Bestätigung in den Handschriften suchen darf, die nicht einmal den fast trivialen, noch in ciceronischer Zeit hundert Male gebrauchten Genetiv *ai* im *glor*. 103 gewahrt haben. *dum minoris partus familias laxsat* schreibt das bantische Gesetz, *pater* oder *mater familias* behauptete sich immer im Gebrauch von Terenz (*ad*. 747) bis auf Quintilian und spätere (Haase zu Reisigs Vorl. p. 66 Anm. 41), wenn auch im Plur. *matres familias* (Pl. *Stich*. 98) Stilistikern, wie es scheint auch dem Sisenna missfiel. Auf jüngeren Inschriften *Quartas filius* I. R. N. 4805 oder *Nymphas* und *medicas* fallen wohl weniger unter den Gesichtspunkt des Archaismus als des Gräcismus. Hierher gehören die sehr alten Adverbialbildungen *alias alteras* bei Festus, *utrasque* bei Nonius p. 183 was Cassius Hemina von der Zeit brauchte (*in Hispania pugnatum bis*: *utrasque nostri loco moti* 'beide Male'), Cäcilius vom Ort (*atque hercle utrásque te, cum ad nos venis, suffarcinatam vidi* 'auf beiden Seiten'). Heute wird man vorsichtiger urteilen als Lachmann zu Lucr. p. 104, der an sechs Stellen seines Dichters das echte *interutrasque*, wobei der Genetiv so wenig von dem ersten Compositionsglied abhängt als der Ablativ und Locativ in *interea* und *interibi*, verdrängt hat. Ich rechne auf die Zustimmung verständiger, wenn ich in Stellen wie Plaut. *Poen*. 5, 3, 43 *quid si eamus illis obriam?:: at ne inter vias praetérbitamus metuo*, Ter. *eun*. 629 *dum rus eo, coepi egomet mecum inter vias aliam rem ex alia cogitare*, Turpilius 196 R. *inter vias epistula excidit mihi, infélix inter tuniculam ac strophium conlocaram*, die Erklärung von *vias* als Acc. Plur. für unnatürlich, in der terenzischen für völlig sprachwidrig halte, vielmehr in dem adverbialen *intervias* das lateinische Seitenstück zum deutschen 'unterwegs' erkenne. Auch *inter pugnas* bei Ennius *ann*. 256 gebe ich zu bedenken. Die Bildung des Gen. auf *ās* hat die Sprache im 6n Jahrh. gänzlich aufgegeben, und Asper war unbedingt im Irrtum, wenn er dem Sallust *castella custodias thensaurorum in deditionem acciperentur* zuschrieb, *custodias* als Genetiv auslegend (Charisius p. 107, 12), sei es dass *acciperentur* aus *acciperent* oder *custodias* aus *custodiae* verderbt war, wie bei Verg. *Aen.* 11, 801 *auras* aus *aurae* vor Servius. Die seit dem 6n Jahrh. gebräuchlichen Genetivendungen beruhen auf einem andern Bildungsprincip, der Vermehrung des Stammes durch *i*, welche in der pronominalen Declination mehrfach sich wiederholt. Im oskischen Gen. *Marai* (Nom. *Maras*) und im griech. Πριαμίδαο (Nom. Πριαμίδης) sind die männlichen *a*-Formen durch ihr Suffix gesondert von den weiblichen wie *mūltas* und Ἥρας; im Latein erstreckt sich die neue Bildungsweise auf Feminina und Masculina. Das älteste Beispiel derselben ist *Prosepnais* auf einem Spiegel C. I. L. 1 p. 554 n. 57 für *Proserpinae* neben den Götternamen *Venos* und *Diovem*. Durch Abstossung des *s* Gen. *irai* mit drei langen Silben, ein sprechender Beweis für die Verschiedenheit dieser vermutlich aus *ajas* hervorgegangenen Endung von der consonantischen und halbvocalischen Flexion. Auf alten Schalen *Lavernai Belolai Aecetiai*, im SC. Bac. *Duelonai*, bei Ennius *Albai longái* und *silvái frondosái*, bei Plautus in einer Art von Parodie auf den Curialstil *magnái rei publicai gratia*. Die Verschleifung der beiden Längen wird durch die Bühnendichtung wesentlich gefördert worden sein; an wenigen Stellen bei Plautus hat die Restitution von *ai* den Schein der Wahrheit wie glor. 84 *comoediai*, während an anderen dem Vers auf mehrerlei Art aufgeholfen werden kann, wie merc. 834 durch *fámiliai Lar pater* oder *fámiliae Larispater*. Terenz dem Bentley einigemal diese Endung unterschob hat kein Beispiel mehr davon (Ritschl prol. trin. p. 325); in den Urkunden der Gracchenzeit ist sie schon durchgehends geschwunden, obgleich das Repetundengesetz noch *quaerundai* und *faciundai* bietet; in der daktylischen Kunstdichtung lebten die im Volksmund untergehenden Formen fort, Lucrez liebt sie augenscheinlich, *materiai purpureai gelidai*; im Anfang des Verses *Iphianássai* und in der Mitte *patriai tempore iniquo* und öfter im Schluss *ferai* oder *viai*; noch Vergil macht sich die Technik der alten Schule zu Nutz in *aurai aulai pictai aquai*. Das zweisilbige *ai* ward zusammengedrängt zum einsilbigen Doppellauter, dieser zu *ae* getrübt. Im Hexameter C. I. L. 1 n. 1202 *non aevo exsacto vitái es traditus morti* ist der Genetiv noch dreisilbig, zweisilbig in den Senaren 1007 *heic est sepulcrum hau pulcrum pulcrai feminae* und Or. 5756 *a* aus der Kaiserzeit *Priapus ego sum, mortis et vitai locus*. So bereits constant in der dramatischen Metrik des 6n Jahrh.; dass Varro in den Iamben *Parm.* 1 *viscum fugái lineamque compedam* geschrieben habe scheint mir weit bedenklicher als *fugarum* (die Hss. *fuge* oder *fugam*). Als längst *ae* gesprochen ward, bediente man sich graphisch noch des Zeichens *ai*, Nigidius um *huius terrai* von *huic terrae* zu scheiden (Gellius 13, 26), während andere umgekehrt den Dativ vor dem Genetiv so auszeichneten (Quintil. 1, 7, 18), *ad Murciai* im elogium 23 aus der augusteischen Periode, Claudius und andere im Gen. *Agrippinai publicai* wie überall für *ae* um die Schrift der griechischen anzunähern. Die Minderzahl männlicher Nomina auf *a* hat die gleichen Wandlungen durchgemacht, *Aeneái* Nävius, *Geryonái* Lucrez, gewöhnlich

Atridae agricolae. Wie aus zweisilbigem *ai* sich *ae* entwickelte, so *aes* aus dem alten *ais*; es muss aber betont werden dass diese Bildung ziemlich jung ist (als eins der ältesten Beispiele mag C. I. L. 1 n. 1212 *Pesceniaes Laudicaes ossa heic sita sunt* noch dem 7u Jahrh. zugeschrieben werden), ferner lediglich rusticau, meist auf Libertineninschriften der ersten Kaiser, besonders häufig in Gori's etruskischen Inschriften, bei Eigennamen *Aurunceiaes Magnaes Faustaes Terentiaes Caniniaes Marinaes Agrippinaes Antoniaes Statiliaes Auctaes Festivaes Lepidaes*, auch bei männlichen wie *Messalaes liberta* und zweimal *Midaes* (im J. 740), vereinzelt auch *ex officio annonaes* (Fabr. 312, 366) und *vernaes* (ebenda 296, 258), nirgends ausserhalb plebejischer Kreise. Obgleich daher diese Flexion regelrecht sich an das archaische *ais* anschliesst, muss doch ihr Wiederaufleben nach der unterbrochenen sprachgeschichtlichen Continuität ohne andere Ausdehnung als die eines Idiotismus einem fremden Elemente, dem Griechischen zugeschrieben werden, zumal da oft auf denselben Denkmälern Formen wie *Actes* oder I. R. N. 5453 *Cerviaes Psyches* nebenhergehen. Bei *Dianes Popilies Prisces* ist erst recht nicht zu entscheiden, ob es römisch gebildete Genetive sind mit vulgärem Lautwechsel anstatt *Dianaes* wie *nostre* für *nostrae*, oder griechische.

Ueber den Genetiv der *e*-Stämme spricht von den Alten ausführlich Gellius 9, 14. Die älteste Bildung ist nach Analogie der *a*-Formen *diēs*, erhalten von Ennius bis auf Cicero und Vergil, *fides* bei Pl. *Persa* 244, *rabies* bei Lucrez 4, 1075, *Corneliae Spes* bei Gruter 776, 13. In Ciceros Sestiana § 28 hatte Cäsellius *illius dies poenas* für das echte erklärt und Gellius fand dies als er sich einige alte Handschriften gesammelt, die damals cursirenden werden wie unsere heutigen schon *diei* gehabt haben; in der Rede *pro Sex. Roscio* § 131 las Charisius *pernicies causa*, Gellius und Nonius *pernicii*, wir nach unsern Hss. *pernicie*, alle drei an sich gleich gut; in einer Stelle des Claudius Quadrigarius hatten alle Bücher des Gellius *inmanitatem facies*, ein tiburtinisches Exemplar im Text *facies* aber am Rand *facii*, schlechtere Bücher *faciei* aber mit Rasur; wäre der Historiker auf uns gekommen, so wäre hundert gegen eins zu wetten dass auch der älteste Palimpsest *facici* darböte. Dies ein Beitrag, um die secundäre Bedeutung der Codices für die Feststellung grammatischer Formen zu charakterisieren. Das Altertum erklärte *Diespiter* als 'Vater des Tages'. Daneben eine mit *i* vermehrte Bildung *diei* in der lex repet. wie *terrāi*, *fidei* mit langem *e* bei Ennius und Lucrez 5, 102, *famēi veteres, unde adhuc famē producitur in ablativo* Priscian 6 § 59, wo indessen *famei* nicht ausgeschlossen ist, natürlich auch mit langem *i*, daher *reI gerundae caussa* und *huiusque dieI* in den Consular- und Fasti Pinciani. Das *e* wird vor dem *i* gekürzt, bei Plautus *rei* sowohl als Spondeus wie als Iambus, *quid tibi mecumst rei* im Versschluss *Men.* 323 und 494, und die Kürzung wird Gesetz in *fidei plebei*, ausser wo dem *e* schon kurzes *i* vorangeht wie *aciēi*. Durch Contraction des *e* und *i*, analog dem Gen. *pulcrai*, entsteht einsilbiges *rei* und *spei*, bei den Komikern weitaus üblicher als selbst die iambische Messung. *tribunus plebei*, der amtliche Titel wie in Gesetzen so in Claudius Rede, ward schwerlich anders denn fünfsilbig gesprochen; in den vielen Fällen wo die Endung der Elision unterliegt wie *nil fidei hábeo* war sie offenbar einsilbig, wenn überhaupt die diphthongische Schreibung hier echt ist. Für eine dritte Genetivform der *e*-Stämme, nemlich die auf blosses *ē*, fehlt in der *a*-Declination das entsprechende Beispiel; *fide* kann sowohl aus *fides* entstanden sein wie Gen. *senatu* aus *senatus*, als auch aus *fidēi*, indem *i* nach dem langen *e* sich verlor, wie wir dies im Dativ der *a*-Stämme wieder sehen werden; das vorhandene Material verstattet kein sicheres Urteil über das gegenseitige Verhältnis dieser Formen, wenn auch die Abstumpfung welche nur den Stamm übrig lässt auf relativ jungen Ursprung weist. *rei* allein haben die inschriftlichen Gesetze vielmals, *re militaris peritissimus* erst nach der Republik clog. 29, *lex plebeve sc(itum)* die lex agraria einmal neben zweimaligem *lege plebive*, öfterem *plebeive scito*; in der Grabschrift *dis manib. Casperiae Fide* Fabr. 326, 461 kann auch der Dativ gemeint sein. Nach den Handschriften und dem Zeugnis eines Grammatikers setzte schon Plautus *die* (z. B. *Pseud.* 1158); dass aber diese Formation damals keineswegs herschte, darf mit daraus gefolgert werden dass eine Verkürzung dieses Genetivs *fide*, wie bei den *o*-Stämmen, wo die monophthongische Endung längst durchgedrungen war, Gen. *boni*, so wenig vorkommt wie ein Gen. *manŭs* neben dem wirklich so geschwächten Acc. Plur. *facie die fide* und ähnliches bei Lucilius Sallust Vergil Ovid u. a., *quidam famis quidam fame dixerunt genetivo* (Charisius p. 40, 11), die Endung *e secundum antiquos regularis genetivus* (Servius zu Verg. *georg.* 1, 208), da Cäsar *de analogia huius diē* und *huius specie* als Norm aufgestellt. Gewis war in der Latinität, deren lautliche Formen wir meist copieren, um Christi Geburt herum diese Form sehr gebräuchlich, man trifft sie noch in den Medicei des Tacitus, im Cassinensis des Frontin, im Nazarianus des Florus (z. B. *die* p. 30, 6 und *re* p. 50, 1 Jahn), freilich auch wo der Vers sie nicht duldet, wie am Ende eines ennianischen Hexameters *magnám cum lassus dieī*. Endlich der Ausgang auf *i*, wodurch die *e*-Stämme den Grundformen auf *o* und *u* ähnlich wurden, war die lautliche Consequenz des einsilbigen *ei*; bei voraufgehendem Consonanten hatte schon Cato *fami*, die tabula Bantina *lege plebive* neben *plebeive scito*; auffälliger ist dass schon Pacuvius und C. Gracchus *progenii* und *luxurii* geschrieben haben sollen, da gerade nach *i* aus Wohllautsgründen *ei* nicht so leicht zu *i* sank (*progeniem genui*, *facta patris petiei* tit. Scip. des Prätors vom J. 615); die übrigen von Gellius angeführten Beispiele zeigen alle vorhergehendes *i* wie *acii* und *specii* und reichen bis auf Vergil dem er *dii* beilegt. Unter den Kaisern blieb überhaupt nur bei wenigen Nomina dieser Art ein Genetiv in Gebrauch; wie, fragt Quintilian 1, 6, 26, soll *progenics* im Singular, *spes* im Plural den Genetiv bilden? es gibt keinen oder nur einen unerträglichen. Der vulgäre Gen. *Spenis* (wie Acc. *Ispenem*) sei hier erwähnt, um auf den eigentümlichen Hang der römischen Volkssprache hinzudeuten, vocalische Grundformen durch den Nasal in consonantische umzubilden wie *Tycenis Heuresinis Philemationis* (Jahn spec. epigr. p. 96 und Ber. der sächs. Ges. 1861 p. 356), womit wohl auch die plebejische Flexion *Eronis* für *Erotis* in Zusammenhang steht; solche Stammerweiterungen mit *n* kommen schon vor dem 8n Jahrh. vor, während die durch *t* in *Afroditetis* oder *Ispetis* (Lupi epitaph. Severae p. 157), Producte eines halbgelehrten griechisch angesteckten Jargons, erheblich später fallen.

Bei den *o*-Stämmen ist im Genetiv, so weit die Geschichte des Latein reicht, also schon im 5n Jahrh. das Casussuffix mit dem Stammesauslaut zu *i* verschmolzen, *populi* dem umbrisch *puples* und *puple*, jünger *popler*, und *sui* dem oskisch *súveis* entspricht. Dies lässt zurückschliessen bis auf eine italische Form *popolois* wie *Prosepnais*, wo nach Schwund des *s* und Contraction der Vocale, wie in zweisilbigem *mensai* und *diei*, der im Latein nur spärlich erhaltene, in der *o*-Declination überall verwischte Diphthong *oi* in *i* übergieng wie im Nom. Plur. *poploi* in *popli*. Wie früh dieser Process vollzogen war, erhellt einmal aus der auch von Lachmann zu Lucr. p. 245 beobachteten Thatsache dass gerade die ältesten Denkmäler ausschliesslich *i*, nicht *ei* als Genetivendung darbieten, sodann aus der steten Verschmelzung dieser Endung mit dem vorausgehenden *i* der *io*-Stämme, Gen. *consili* St. *consilio*, endlich aus der im Anfang des 6n Jahrh. bereits eingetretenen Verkürzung des *i*, durch welche volkstümliche Bildungen wie *Naepor* und *Marpor* (C. I. L. 1 n. 1539 *c* u. 1076) aus *Naei* d. i. *Gnaivi por* und *Marcĭpor* entstanden und welche noch Plautus nicht verwunden hat, der in Anapästen *Bacch.* 1167 *probrĭ pérlecebrae et persuastrices*, im Senar wenigstens *erĭ cóncubinast* zulässt. Auf den Inschriften vor Lucilius ist *ei* unerhört: C. I. L. 1 n. 46 *Ķeri* 48 *Saeturni* 50 *Volcani pocolom*, 52 *Pomponi opos*, 32 *filios Barbati*, 104 und 151 *Curtia Rosci* und *Tapia Vestori*, 98 *Cordi mater*, im SC. Bac. *latini urbani sacri*, während der Nom. Plur. immer *virei oinvorsei foideratei* lautet, im genueser Schiedsspruch vom J. 637 lediglich *agri privati poplici casteli frumenti vini colendi anni primi* wie *senati*, während der Nom. Plur. zwischen *celeri* und *invitei*, *qui* und *quei* schwankt. *ei* steht zuerst auf dem nach dem J. 608 verfassten tit. Mummianus: *cogendei dissolvendei tu ut facilia faxseis*, wo ich vordem aus syntaktischen Gründen einen Copierfehler statt *cogentei* vermutet hatte; auf der l. repet. vom J. 631/2 *populei* dreimal, *suei* zweimal, *tribuendei* neben *Latini poplici quanti simpli dupli scribundi consili*; auf der l. agraria vom J. 643 *populi Romanei* 6mal, *populei Romanei* und *populei Romani* je 1mal, *populi Romani* 2mal, *agri* 25- und *agrei* 1mal, *locei* 10- und *loci* 4mal, *publicei* und *privati*, *colonei leiberei* und *Latini tanti*, *vinei oleivei*, lediglich *aedifici* und *iudici*. Hiernach kann nicht behauptet werden dass durch Aufnahme des *ei* in Attius Zeit ein an den ehemaligen Diphthong erinnernder Mischlaut und etwas anderes als langes *i* ausgedrückt ward. Lucilius stützte sich auf die Tradition des 6n Jahrhunderts, als er für den Gen. Sing. *i*, für den Nom. Plur. *ei* verordnete (Charisius p. 78 f.), obgleich seine Theorie den ferneren Gebrauch von Genetivformen wie *Marcei furtei utendei* bis ans Ende der Republik, in der l. Iulia munic. und bei Catull, nicht aufgehalten hat; Nigidius wiederholte die Vorschrift *huius amici* oder *magni* mit blossem *i* zu bilden (Gellius 13, 26) und sie ward seitdem stets befolgt. Die Wahrnehmung dass bei den *io*-Stämmen das stammhafte mit dem casualen *i* vereinigt ward, verdankt man bekanntlich Bentley zu Ter. *Andr.* 2, 1, 20, eine sorgfältigere Ausführung Lachmann zu Lucr. p. 325. Aus der Metrik der Komiker und der späteren Dichter ersah Bentley dass 'sub Augusti senescentis aetate' zuerst die in unseren Hss. meist untergeschobenen Genetive auf *ii* hervortreten anstatt *mendaci convivi flagiti benefici ingeni negoti peculi preti* welche der Vers verlangt. *i* überall haben Horaz Manilius Persius, *ii* Properz 2—3mal, öfter Ovid, Seneca und die späteren, obwohl auch diese wie Juvenal noch Contraction zulassen. Lachmann beobachtete dass bei tribrachischen Wörtern schon die Sceniker dem zweisilbigen Genetiv wie *viti* aus dem Wege gehen, Vergil sagt ganz ausnahmsweise *Aen.* 3, 702 *fluvii*, der Dichter des Moretum Germanicus Gratius *apii spatii Latii*. Varro glaubte, die Aufschrift *Plauti fabulae* hätte verführt Stücke eines Dichters Plautius dem berühmteren Sarsinaten beizulegen; Nigidius unterschied durch die Betonung vom Gen. *Valéri*, der unsres Wissens keinen andern Accent hatte, den Voc. *Váleri*; formelhafte Wendungen wie *res mancipi* und *nec mancipi* und seit Plautus *compendi face* überdauerten die Veränderung des Genetivs für alle Zeiten. Auch die griechischen Wörter werden ebenso behandelt, *Talthybi* Plautus, *gymnasi* Catull, *Panaeti* Horaz, selbst Ovid *Rhegi*; Pl. *glor.* 271 hat der Ambrosianus *Philocomásii custos*, aber unleugbar richtig die anderen Hss. *Philocomasio custos* wie *glor.* 1431 *Philocomásio amator*; *Palladii* bei Verg. *Aen.* 9, 151 in einem Vers den Schrader und Ribbeck für unecht erklären, würde nur ein zweites Beispiel der aufkommenden Neuerung bei Vergil sein; in den von Lachmann angeführten Versen des Ennius und Terenz erkenne ich noch eine Verschiedenheit der Locativ- von der Genetivbildung. Auf den republicanischen Inschriften *feili benefici conlegi cultrari portori* (Hübners Index p. 603), je einmal *conlegei* und in der l. Rubria *municipei*; die einzige Ausnahme von der Regel ist *ostiei lumen* in der vom J. 649 datierten Bauurkunde C. I. L. 1 n. 577, worin man nicht umhin können wird ein Zeichen mehr für die paläographisch ermittelte Thatsache zu erblicken, dass die Urkunde wie sie vorliegt in kaiserlicher Zeit restauriert ist. Aber gesetzt auch *ostiei* habe in dem puteolanischen Instrument des J. 649 gestanden, so wird doch niemand diese Ausnahme misbrauchen um handschriftliches *ii*, wo es dem Vers nicht geradezu widerspricht, durch die Umsetzung in *ici* zu schützen, z. B. *glor.* 478 *cónsiliei commisceam* statt *consili*, oder gar einen Senarausgang wie *glor.* 865 *meám partem infortúnici* herzustellen statt des in den Hss. wenig entstellten Gen. Plur. *infortunium*. Auch die augusteischen Denkmäler bieten fast ausschliesslich *i*, Augustus Regierungsbericht *congiari* und *divi Iuli* und *navalis proeli*, zum Theil mit emporragendem *i*, welches bloss die Länge bezeichnet und durchaus nicht *ii*, sowenig als in *consularI cum imperio* oder *reI publicae* oder *In saliare carmen*, derselbe Bericht aber einmal 4, 37 nach sicherer Ergänzung *magi[ster conleg]iI* wie das elogium 27 *auspiciI repetendi caussa*. Ob Verrius zum 23 Dec. seiner Fasten *Taruti* oder *Tarutii* schrieb, bleibt ungewis, da verschrieben steht *Tarutili* und zwar *l* sicher vor dem

Schluss-*i*. In Claudius Rede *Tarquini* und *Caeli*, aber *imperii* neben *imperi*. Seitdem wiegen die aufgelösten Genetive vor wie die Dichter lehren, aber die contrahierten sind nie untergegangen, *Septimi Severi* und *propagat. imperI* und *Aureli Antonini piI* Or. 5493, *Porci Optati* Or. 5494, *Septimii Severi Pertinacis et M. Aureli Antonini* Or. 5496 usw. Mit dem wirklichen sprachgeschichtlichen Hergang stimmt nicht recht die Ueberlieferung des Charisius, wonach Varro bei Nomina wie *Lucius Aemilius* den Genetiv auf doppeltes *i* befohlen und zugesetzt *vocativum quoque singularem talium nominum per duplex i scribi debere, sed propter differentiam casuum corrumpi*, wonach Plinius zwar die Vernünftigkeit des Gen. *Lucii* eingeräumt, aber zugesetzt *multa iam consuetudine superari* (p. 78, 6 und 79, 2): dergleichen Vocative Sing. *Lucii pii* sind mir nicht bekannt. Von den Substantiven hat der Gebrauch die Adjectiva unterschieden. Zwar das ancyraner Denkmal schreibt auch *auri coronari* wie *Iovis Feretri*, aber in der Litteratur finden Seneca's *numen Epidauri dei* und Juvenals *nominis Appi* nicht ihres Gleichen, *Feretri Iovis* bei Properz wird als eine Art Beiname leichter entschuldigt, kein Autor sagte und schrieb anders als *patrii numinis*. Das vergilische *fluvii* erklärt Lachmann aus der adjectivischen Geltung des Wortes nach Fem. *fluvia* bei Attius und Sisenna, ebenso *o mihi nuntii beati* Catullus 9, 5 gleich ὦ τοῦ εὐαγγελίου vom Nom. *nuntius* oder *nuntium*, und ich sehe hier keinen andern Weg der Erklärung, wenn man nicht den Zeitgenossen Varros eine bewuste Abweichung vom Herkommen schlechthin beimessen will. Die Unterscheidung der Adjectiva scheint keinen tieferen Grund zu haben als das Streben der Schriftsprache nach Deutlichkeit; *arbitratu Cn. Laetori magistrei pageiei* im Beschluss des pagus Herculaneus vom J. 660 (C. I. L. 1 n. 571), wo *ex lege pagana* vorangeht, ist wohl nur durch Versehen geschrieben für *pagei* wie im Bauernkalender December *tropaeae* für τροπαί. Wo das *i* vor der Nominativendung *us* consonantisch war, ward es ebenfalls mit dem casualen *i* verschmolzen wie *Pompei* in Augustus Regierungsbericht; aller Wahrscheinlichkeit nach existierte alt *hominis plebei* und *plebeici*. Da *Pompeiius* nicht ungewöhnlich war, so sollen einige der späteren Regel gemäss *Pompeiii genetivum per tria i* geschrieben haben *ut si dicas Pompelli, nam tribus i iunctis qualis possit syllaba pronuntiari? quod Caesari placitum a Victore quoque comprobatur* (Priscian 1 § 19). Bei den Scenikern ist der Gen. *mei* einsilbig wie bei andern Dichtern *Pelei* und *Promethei* zwei- und dreisilbig; Nigidius Worte *mei qui scribit in casu interrogandi velut cum dicimus 'mei studiosus', per i unum scribat, non per e, at cum mihei, tum per e et i scribendum est, quia dandi casus est* (Gellius 13, 26) geben keinen andern Sinn als den dass im Gen. Sing. *mi* zu schreiben sei (vgl. Voc. Sing. und Nom. Plur.), *mei* aber dem Dativ vorbehalten werde. Africaner nehmen es mit Barbarismen wie *lector meis carminis* nicht zu genau. Wunder nimmt der Genetiv nach der o-Flexion bei Eigennamen deren Nominativ auf *es* endigt, und zwar griechischen, von denen *Achilli* und *Vlixi* auf Grundformen *Achilleo* und *Vlixeo* zurückgeführt werden könnten, aber nicht *Carneadi Aristoteli Chremi* (bei

Terenz *Andr.* 368, Cicero und sonst); so auch *aerumnas omnis Herculi* und *Herculei labos est* Plautus und Catullus, *filium Verri* Cicero (Probus p. 28, 20 K.), durch συνεκδρομή, wie das letzte Beispiel klar macht, mit den römischen Gentilnamen und mit griechischen Genetiven wie Καρνεάδου.

Beim persönlichen Fürwort gehen die echten Genetive *mis* und *tis*, von den auch im Dativ zu Grunde gelegten Stämmen *mi* und *ti* mit Dehnung, in Plautus Zeit verloren; *sis* von Priscian vorausgesetzt, ist nicht nachweisbar. Im gemeinen Gebrauch sind statt jener die Genetive des Pronominaladjectivs *mei tui sui*. — Ganz eigentümlich dem Latein ist die Genetivbildung bei den geschlechtigen Fürwörtern: der Stamm wird durch *i* erweitert und nimmt das Suffix *us* an; in den zweisilbigen Formen behält *i* consonantische Geltung, in den mehrsilbigen wird es rein vocalisch; diese Genetive dienen dem Masculinum und Neutrum sowohl als dem Femininum. Also *quoius* vom St. *quo*, auf republicanischen Inschriften nie anders, auch im elogium 29, dann *cuius*; dreisilbige Messung darf nicht angenommen werden, der Saturnier der Scipionengrabschrift ist zu scandieren *quoiús formá virtútei párisumá fúit*; bei Lucrez 1, 149 *principiúm cuius hinc nobis* kann man Verkürzung der sonst langen Stammsilbe sehen oder Reduction auf éine Silbe (vgl. Lachmann zu d. St.); letzteres ist bei den Scenikern ganz gewöhnlich, indem *u* herausgedrängt und so die Endung fast ganz zerstört ward, kretisches *quoiusmodi* (z. B. Pl. *Men.* 575) unterscheidet sich nicht von dem geradezu so geschriebenen *quoimodi* wie regelmässig *cuicuimodi*; *quoi fides fidelitasque* steht in den Büchern des Plautus *trin.* 1126 für *quoius*, wohl auch *cui non misertus ego* (Inschrift bei Renier 2074) als Genetiv; mit blossem Schwund des *s* Lucrez 2, 1079 *aliquóiu siét saecli*. Ferner *hóius*, *hoiusce*, im Tempelgesetz von Furfo (C. I. L. 1 n. 603) vom J. 696 *hoiusque aedis*, aber gleich darauf *aedis huius* nach Mommsens Verbesserung von *humus*, unter Augustus (C. I. L. 1 n. 1409) *huius rogationis ergo*; *huiusmodi* als Dactylus, da auch der Gen. *modi* kurz ward, Pl. *glor.* 1023, *huius est* wie éine Silbe also gleich *hoist Stich.* 50. Ferner *eius*, oft *ciius* geschrieben (*uxor eiius* und *nura eiius* Reniers Inschr. 3575, in Hss. nicht selten verderbt und von Herausgebern nicht verstanden wie Cic. *ad Att.* 1, 1 zu Ende *miserrimo eiius tempore* und *ut totum gymnasium eiius* ἀνάθημα *esse videatur*) oder *eIus* um den *i*-Laut zu beiden Silben zu ziehen (Schmitz stud. orthoepica Düren 1860 p. 12 ff.), zu Gallienus Zeit auch *acius* (Or. 1009); in Ciceros Hexameter *de d. nat.* 2 § 109 *átque eius ipse manet religatus corpore toto*, wo ein alter Corrector *ēius et* änderte, gleichfalls einsilbig in der alten Volks- und Bühnensprache. Die Genetive *illius istius ipsius utrius alius totius solius* usw. werden aus *illoius* entstanden sein durch frühe Vereinigung des *i* mit *o* zum Diphthongen und Trübung desselben; *ipsciius* eine asiatische Inschr. Or. 6338, auch eine rheinische, dasselbe meint wohl eine christliche aus Algier mit *frater ipsicus* (Renier 3446). Bei Plautus *illius* bereits Tribrachys wie Amphimacer, *illiust* und *iīius est* (*glor.* 986 und 987), *prae iīius forma* (*glor.* 1170); die daktylische Prosodik konnte nur *altervus* brauchen, Lucrez hat *totius*; da Cicero *de or.* 3 § 183 in *si Quirites minas illius* einen kretischen Eingang der Rede findet, scheint in der gewöhnlichen Aussprache dieses Wortes damals die Kürze durchgedrungen zu sein, während bei den meisten die Länge sich erhielt; Quintilian 1, 5, 18 fand *unius* nicht *extra carmen*, *solius* und *neutrius* kommen nirgends verkürzt vor. Wie *quoius* einsilbig, so ward *nullius* bei den ältesten zweisilbig; als Spondeus, folglich metrisch gleich *nulli* steht dies *Pseud.* 1196 *nullius coloris* wo daktylische Messung $-\smile\smile$ gegen den Verston verstösst; durch diese Zusammendrängung entstanden die zweisilbigen Formen *isti modi* und *illi modi* bei Plautus und Cato, *qli rei causa* und nicht *alii* für *alius* bei Cälius Antipater, *satias toti familiae* bei Afranius. Hiermit hängt nicht zusammen der Umschlag aus der pronominalen in die nominale Declination, wie regelmässig *neutri generis*, schwerlich aus *neutrius* sondern wie *masculini*, nicht selten beim Femininum, *gnatae alterae* Ter. *Andr.* 983 und *utrae unae ullae totae* laut Grammatikern, aber nie *eae*.

Genetiv des Pluralis.

Ursprüngliches Suffix *ām*, gräcoitalisch *om*, woraus griechisch ων ward, italisch zumeist *um*, oskisch *Núvlanúm* und *Túatium*, umbrisch *puplum* und *fratrum* aber jünger *poplom* und *fratrom*, im Latein hielt sich *om* über den Anfang des 6n Jahrh. hinaus nur nach *u* und *v*. Für den Vocal vor *m* war die Länge überkommen, daher mit Hiatus Ennius *milia militūm octo*. Von consonantischen Grundformen *bovom* noch bei Vergilius *georg.* 3, 211 nach handschriftlichem Indicium, *boum* bei Lucrez und Varro, in Hss. auch *bouum* für eine jener Formen (z. B. in Halms Cicero Bd. 4 p. 795, 29); *iudicum frugum principum peditum capitum prolationum fulminum pugilum matrum maiorum scelerum*. Ganz eigene Formen führt Varro *l. l.* 8, 74 an, *boverum greges* und *Ioverum signa*, und aus den Annalisten Charisius p. 54, 25 *nucerum regerum lapiderum*, schwerlich für *bovi-rum*, sodass das bei den Pronominal- und *a*-Stämmen aufgenommene Suffix *sum*, *rum* einst auch der *i*- und consonantischen Declination sich mitgetheilt hätte; vielmehr, da auch im Gen. Sing. *suis* für *suis* bei Plautus vorkam, scheint *er* nicht Casus- sondern Wortbildungssuffix, *bover suer lapider* erweiterte Grundform neben *bov su lapid* oder besser *bovi sui lapidi*, wie *vir sper* in *vires spercs prospere* neben *vi spe* oder besser Gen. Sing. *puberis cucumeris acipenseris* neben *pubis cucumis acipensis*. Von *i*-Stämmen, die zum Theil nur in diesem Casus als solche sich bewähren, *aedium omnium testium civium narium aurium animalium gentium litium artium imbrium*. Die Verwirrung von Grundformen auf *i* und consonantischen, das Schwanken der Endung zwischen *ium* und *um* hat die ganze Latinität über gedauert; die alten Grammatiker, um feste Regeln bemüht, widersprachen sich in vielen Punkten, wie Charisius darthut: Cäsar verlangte *panium* aber Verrius *panum*, Cäsar *partum* aber Plinius dem

Sprachgebrauch gemäss *partium*; die mehr aus der Uebung seiner Zeit als aus erschöpfender Sammlung des Materials abstrahierten Vorschriften Priscians stellt Struve (über die lat. Decl. u. Conjug. p. 33 f.) kurz zusammen. Wie weit der Usus bei einzelnen Wörtern, ja Wortclassen sich consolidiert hatte, lässt sich ohne alle einschlägigen Beispiele kaum vorführen. Dabei sind zuvörderst die inschriftlich, durch Grammatiker, metrisch garantierten Formen zu sondern von den übrigen handschriftlichen Zeugnissen, die bei prosaischen Schriftstellern keine sichere Grundlage abgeben. In Plautus *glor.* 262 und 297 haben BCD *familiarum*, das für den Vers nötige *familiarium* ward erst in A gefunden; *Bacch.* 41 *haut meretricium est* änderten die meisten Abschreiber in *meretricum est*, indem sie das Adjectivum verkannten, denn der Gen. Plur. lautet allerdings *meretricum Bacch.* 563, *meritricum* bei Verrius in dessen Fasten 25 April; *Stich.* 4 ist *absentium* in A, *absentum* in BCD, und interessant genug je nach der Genetivform in beiden Recensionen der Vers gemodelt, in der einen *abséntium íta ut aéquom est*, in der andern *abséntum ut ést aéqum*, der Verdacht der Fälschung kehrt sich gegen die erstere Recension, obwohl *Stich.* 220 *praesentium* steht; *Men.* 355 hat die beste Hs. *amantium*, die andern *amantum*, womit sich der wünschenswerthe Parömiacus herstellen lässt *inlécebra animo sit amántum*, und derselbe Genetiv begegnet *Pseud.* 66, *most.* 171, *glor. arg.* 2, 11 und V. 625, während Terenz *Andr.* 218 *amentium haud amantium* sagt. Also wo handschriftlicher Ueberlieferung das Correctiv fehlt, wird man behutsam zu Werke gehen und nach Analogien umschauen müssen. Bei den Nomina, deren Sing. Nom. und Gen. die *i*-Form zeigt, war *ium* allzeit zulässig, meist vorherrschend, ausgenommen *canum* und *iuvenum: apum* neben *apium*, bei Cicero und andern *sedum caedum vatum, mensum* bei Plautus und Ovid, *mesum* Inschr. bei Fabr. 31, 59, *caelestum agrestum* bei Vergil, *Thermesum* zweimal in der lex Antonia vom J. 683 neben viermaligem *Thermesium* oder *Termensium*, aber *Vticensium Caeninensium Viennensium* auf Inschriften aus Gracchus Augustus Claudius Zeit; *Neptúnum regnatorem márum* Nävius in einem Saturnier, dessen Schluss freilich vorliegen müste um dem Gewährsmann unbedingt zu glauben, *insularum Baliarum* Inschr. bei Gori 2, 46. Man kann zugeben dass bei der kürzeren Genetivbildung *tribunus Celerum, volucrum, comparum* auch eine gewisse Abneigung den Accent von *céleres* zu ändern mitgewirkt hat, aber die Bedeutung welche Reisig (Vorles. p. 93) dem Accent beizulegen geneigt war, wird nicht nur durch die Dative, sondern auch durch manche Genetive, wo der Ton gegen die übrigen Casus nach der gemeinen Accentuation um eine Silbe vorrückt, auf das entschiedenste bestritten. *ium* nähert sich durch Synizese dem blossen *um*; bei Plautus nicht nur in Anapästen *hic homóst omnium hóminum praecipuos* (trin. 1115), sondern auch im Septenar *Stich.* 526 *ómnium mé exilem átque inanem* (Ritschl prol. trin. p. 134 will lieber *ömnium* anapästisch messen), im Senar eines kaiserlichen Militärbeamten Or. 5863 *spicifera iusti inventrix úrbium cónditrix*. Bei sonst consonantisch flectierten Nomina wird die Nebenform *ium* nie oder fast nie angetroffen bei *n- r- s-*Stämmen wie *ordinum epulonum patrum doctorum morum maiorum* (aber *virium* und *conplurium*), dagegen öfter bei Guttural- und Labialstämmen, besonders bei einsilbigen wie *mercium*, aber auch *radicium* nach Plinius Gebot, *scalprorum fórcipiumque* Lucilius und *municipium* in amtlichen Urkunden aus Cäsars und Domitians Zeit, adjectivisch *felicium* aber *supplicum*, nach Priscians Meinung zur Differenzierung vom Substantivum *supplicium*. Die grösten Schwankungen zeigen sich bei Dentalstämmen: *compédium tritor* Plautus, regelmässig *ancipitium*, während im Sing. Nom. die Grundform bis auf *ancep* verkürzt ist; *Langatium* und *Genuatium* wie *Langensium* und *Genuensium* im J. 637, *Penatium* und *civitatium* in Augustus Regierungsbericht, *procurator hereditatium* als ständiger Amtstitel, sodass bei dieser Endung *ium* den Vorzug verdient; für *servitutium* mangelt ein sicherer Beleg aus älterer Zeit, denn bei Plautus *Persa* 418 ward recht überliefert *stabulum servitricium*, eine Adjectivbildung wie *meretricius*, an deren Analogie das häufige *victricia arma* sich anlehnte; *Samnitium* elogium 27, *Interamnitium* I. R. N. 6164, aber *Interamnitum* dort 6152, *locupletium* in Claudius Rede, aber bei kurzem Vocal vor der Endung *divitum* und *segetum*, denn in dem Distichon aus Tarragona *si nitidus vivas, eccum domus exornata est: si sordes, patior, sed pudet, hospitium* ist der Gen. Plur., an den jemand gedacht hat, nachdem ich den Nominativ des Neutrum früher mit *pudet* construiert (Fleckeisens Jahrb. 1863 p. 777), dem Sinne nach unpassend statt des Sing., in jener Form auch nur durch ein paar handschriftliche Varianten beglaubigt, welche erst in Verbindung mit zuverlässigeren Quellen Werth erlangen würden; die Stämme auf *nt*, Participia und Adjectiva, haben von Alters her neben der consonantischen Form *ferentum* wie φερόντων die *i*-Form *ferentium*, bei den Daktylikern regelmässig die consonantische wie *induperantum animantum balantum carentum rudentum sapientum* bei Ennius Lucrez Vergil, weil sich *animantium* weniger dem Hexameter anbequemt, aber auch in den Lyrica des Catull und Horaz *sonantum imminentum fugientum*, auf alter Inschr. C. I. L. 1 n. 1241 *deis inferum parentum*, auf einer andern I. R. N. 5020 *committentum*; anderntheils schon bei Plautus Cäcilius Terenz *amantium* neben *amantum*, *adulescentium* und *parentum* usw. Die seit Seyferts Sprachlehre eifrig fortgepflanzte Theorie, dass *um* für *ium* eintrete bei Erhebung der Adjectiva oder Participia zu Substantiven, muss den Römern wohl nicht bekannt gewesen sein, da sie sonst nicht so viele Fehler dagegen gemacht hätten, nicht allein Plautus sondern selbst Horaz, die so gut wie *cluentum* oder *clientum* auch *gerentum* und *recentum* sagen. Während bei den letztgedachten Stämmen das Latein wenigstens seit dem 6n Jahrh. abweichend von den verwandten Sprachen auch die *i*-Form aufnahm, bildete es abweichend von den etymologisch verwandten Wörtern den Gen. Plur. *alitum* auch nach den *u*-Stämmen, *alituum* bei Lucrez und Vergil choriambisch; bei dem inschriftlichen *virtutuum* (Fabr. 688, 99 und Or. 896 corrigiert von Henzen p. 94), *fratruum* (Renier 1430 und 4025) und dem wiederholten handschriftlichen *mensuum* (Haupt in Mommsens iuris Anteiust. fr. Vatic. p. 370, 26) zweifle ich sehr dass *uu* Dehnung des Vocals anzeigen sollte. In der lex Antonia steht neben *Thermesum* und *Termensium* einmal *Thermensorum*, und dieser Metaplasmus war häufig bei einer Reihe von Neutra, griechischen wie *poematorum*, lateinischen wie *Compitaliorum vectigaliorum anciliorum* bei Cicero und Horaz von Grundformen auf *io* statt der gewöhnlichen auf *i*, bei Lucilius *surpiculique holerórum* wie Cato *holeris* für *holeribus* hat, später in der Volkssprache *pontificorum* (Fabr. 419, 378) und *mesoru* für *mensum* (Fabr. 397, 282) oder mit verdumpftem Vocal *mesoru* und in griechischer Schrift μηϲωρων (Lupi epit. Sev. p. 5 und 188), letzteres in der Endung gleich dem Gen. Plur. *soporantion* bei Renier 3253.

Bei den *u*-Stämmen wird sich *om* allen Analogien zufolge länger gehalten haben, *magistratuom* wie Gen. Sing. *magistratuos*, wenngleich unsere Hss. es schon bei älteren Autoren in *um* umgesetzt haben, *fructuum*, *mánuum móllitudine* u. a. Durch Contraction *passūm* bei Plautus *Men.* 178, Lucilius, Martial, *currum* bei Vergil, *trium exercitum* in Augustus Regierungsbericht. Nach der *o*-Declination Laberius *versorum*, *noenu numerum* (oder *non numerorum*), *numero studuimus* wie ein anderer Komiker *cum tragicis versis*, plebejisch *spiritorum magistratorum* (Lupi p. 188).

Das *o* der *o*-Stämme fliesst mit dem Casussuffix zusammen, alt *deom* wie griech. θεῶν, so auf den ersten Münzen C. I. L. 1 n. 1 *Romanom*; diese Endung blieb nach *u* und *v*, noch unter Sulla *maiorum*] *sovom leibertatem* C. I. L. 1 n. 588, *duomvir* ein aus dem ursprünglichen Genetiv erwachsenes Nomen 1107 und 1341; *duumvirum* neben *duovir(um)* und *duoviralium* in dem Baudocument von Puteoli ist dem Datum des J. 649 nicht angemessen, *senatorum duum* Fabr. 266, 8, *duum* Inschrift von Lyon bei Boissieu 526, 114, Fronto p. 137 N. in Nävius Art; *divom* oder *dium* in den Hss. des Plautus *merc.* 842. Seit dem 6n Jahrh. *um*, inschriftlich *Veiturium inferum serrarium fabrum deum sestertium* und constant *II* oder *III virum*, bei Plautus noch ungemein häufig *nostrum socium*, *deum fidem* und *deum virtute* und *deum atque hominum*, *maiorum meum* und *meum parentum* und *vestrum familiarium*, *liberum* neben *liberorum most.* 120 und 121, *doctum hominum*, *ceterum verbum sat est* wie bei Ennius *commodus paucum verbum*, namentlich *nummum aureum Pilipum numeratum* bei vereinzeltem *nummorum* (*trin.* 152), wie auf Inschr. regelmässig *viginti millia nummum* und *centumilia nummum* (ann. dell' inst. arch. 1856 p. 24, 138 und Fabr. 85, 152), auch bei Terenz *amicum* und *adversarium* wie *nostrum liberum*, *maiorum suom*, *deum* oder *divom* und *talentum*, bei Lucrez meist in längeren Worten *montivagum squamigerum horriferum consanguineum* wie *deum* und *Graium*, bei Catull *virum*, Vergil *omnigenumque deum*, Horaz *deum* und *nummum*, ebenso noch später z. B. *proque prole posterum* im pervigilium Veneris. Die Prosa bewahrte *um* als regelmässige Form bei metrologischen Angaben, *nummum denarium modium ingerum*, nach alter Ueberlieferung in Titeln wie *praefectus fabrum* (aus Servius Classenordnung *procum patricium*), *triumvirum sevirum quindecimvirum* 'einer der Dreimänner' bei Cato Livius Tacitus, zu allen Zeiten, besonders beliebt auf africanischen Inschriften (rhein. Mus. 11, 527), *duo et octoginta templa deum refeci* sagt Augustus; aber wenn Sulpicius an Cicero schreibt *tot oppidum cadavera* im Gegensatze zu *si quis nostrum* (ep. 4, 5, 4), so galt diese Form den damaligen Redemeistern für veraltet. Mit Schwund des auslautenden *m* auf Münzen des 5n Jahrh. *Romano Caleno Paistano Aisernino*, daher auch fernerhin *duovir*, indem das Casusverhältnis nicht mehr bewust war und andere Bildungen, Nom. Plur. *duo viri*, einwirkten. *Aisernio*, wie andere Münzen der Colonie Aesernia schreiben, wird vielleicht richtiger auf einen *i*-Stamm zurückgeführt; das seltene *Aisernim* (C. I. L. 1 n. 20) mahnt an die Nachbarschaft des Oskischen, wo *u* unterdrückt ist in *Safinim* (lat. *Sabinorum*), wenn auch im Latein *alios alis* analog ist; die Münzaufschrift *Tiati* kann hiernach für *Tiatim Tiatiom* stehen. Auffällig bei Plautus *Stich.* 383 *unguenta multigenerum multa*, was von *multum*, *multu generum* hergeleitet werden muss.

Von den *a*-Stämmen haben nur männliche das Suffix *um* angenommen, das mit dem Stammesauslaut verschmolz; Belege sind die Composita deren zweites Glied *cola* und *gena* ist bei Dichtern, *agricolum terrigenum*, und Namen wie *Aeneadum genetrix* oder *gentem Lapithum* wohl unter dem Einfluss der griechischen Declination auch nur bei Dichtern; denn der Gen. *Metropolitum* bei Cäsar *b. civ.* 3, 81, wo Nom. Plur. *Metropolitae* vorhergeht, mit zwei oder drei verwandten Beispielen in Prosa wird eben wegen der Seltenheit dieser Bildung besser als Heteroclitum nach Art von *Quiritum Samnitum* betrachtet denn als identisch mit *Metropolitarum*. Offenbar griechisch sind *amphorum* und *drachmum*, die einzigen weiblichen Genetive dieser Art, die obendrein vor Varro nicht vorzukommen scheinen, deren Einführung durch *talentum sestertium* u. ä. erleichtert ward; bemerkenswerth ist dass das distributive Zahlwort seine gewöhnliche Genetivform auch in Verbindung mit einem Femininum behält, *amphorarum septenum* bei Columella 12, 28 statt *septenarum*; dagegen *drachumarum Olympicum* bei Pl. *trin.* 425 ist neuerdings beseitigt, *duum rerum* ebenda 1052 statt des handschriftlichen *duarum* war verfehlt. *trinum noundinum* (SC. Bac.), ursprünglich Genetiv und als solcher noch von Cicero *de domo sua* 16, 41 durch die Gegenüberstellung von *trium horarum* bezeichnet, dann wie ein eigenes ungeschlechtiges Nomen behandelt, wird nicht auf *nundinae* zurückgehen, das den neunten Tag selbst ausdrückt wie *nonae kalendae*, sondern auf *nundinum* das wohl von Alters her den Zeitraum zwischen zwei *nundinae* ausdrückte (*decemviri cum fuissent arbitrati binos nundinum divisum habuisse* Varro bei Nonius p. 215); in den Lexicis fehlt eine dritte Form *nundinium* 'Markt' (algiersche Inschr. vom J. 202 n. Ch. bei Renier 4111 *pecora in nundinium immunia*). Im Vers des Ennius *optima caelicolum Saturnia* tritt natürlich das weibliche Genus hinter das männliche zurück wie in dem des Calvus *pollentemque deum Venerem*.

Bei den weiblichen *a*- und den *e*-Stämmen, desgleichen gewöhnlich bei den *o*-Stämmen ist das Suffix *rum*, vor welchem der Vocal gedehnt wird, *filiarum filiorum*. Aus Vergleichung des griechischen θεάων war längst auf graecoitalisches *som* geschlossen; dies bestätigt der oskische Gen. Plur. *egmazum* (lat. *rerum*), während im Umbrischen bereits wie im Latein *s* in *r* verwandelt ist: *menzaru* (lat. *mensarum*); das ursprüngliche *sam* ist im Altindischen auf die pronominale Declination beschränkt, da nach Zersetzung der Ursprache das Bedürfnis, den Gen. Plur. der *a*-Stämme durch ein volleres Suffix von anderen Formen zu unterscheiden, beim asiatischen Sprachzweige zu einem verschiedenen Modus geführt hat. Wir dürfen demnach im Hinblick auf die römische Lautgeschichte annehmen dass älteres *mensasom* seit den Samniterkriegen in *mensarom*, seit dem ersten punischen in *mensarum* übergieng. So alle andern *a*-Stämme, männliche wie weibliche. Von *e*-Stämmen waren nur *dierum* und *rerum* in Gebrauch, Cato hatte *facierum* gesagt, Cicero *top.* 7, 30 verschmäht und bezweifelt die Latinität von *specierum* und *speciebus*, Quintilian 1, 6, 26 will keinen Gen. Plur. von *spes* kennen; der alte Sprachgeist erstarb, als Appulejus und Eumenius *specierum sperum* und ähnliche Genetive zu Tage förderten. Das vollere Suffix ward auch auf die *o*-Stämme übertragen: das früheste Beispiel ist, vielleicht nicht zufällig, das Pronomen *olorom* auf der Duelliussäule, dann *duonoro* für späteres *bonorum* auf dem tit. Scip. um das J. 500, im SC. Bac. begegnet mehrmals *eorum*, aber ausser diesem und *trinum noundinum* nur ein Gen. Plur. *ceivis Romanus neve nominus Latini neve socium quisquam*, in welcher Formel nicht bloss die lex agraria sondern auch Livius regelmässig den kürzeren Genetiv braucht. Mit der Entwicklung der Litteratur scheint die jüngere Bildung sich mehr und mehr ausgebreitet zu haben, da sie bei Plautus schon vorwiegt, im Schiedsspruch der Minucier unter drei Fällen zweimal *Veituriorum Vituriorum*.

Der Gen. Plur. wird beim persönlichen Pronomen wie der Gen. Sing. vom Possessivpronomen entlehnt, *nostri* und *vostri* oder *restri*, eigentlich 'des unsrigen', für das Reflexivum wieder *sui*. Alt C. I. L. 1 n. 1220 *et nostri voltus derigis inferieis* wo man *nostris* erwartet, unter Alexander Severus *fascibus annus is nostri datus est* Or. 5758*a*, wodurch man auf die Vermutung gebracht wird verderbte Verse bei Plautus wie *trin.* 601 *postquam exturbavit hic nos ex nostris aedibus* durch Herstellung von *nostri* zu heilen (vgl. *Pseud.* 4 und Gellius 20, 6, 10). Da *nostri* und *vostri* Singulare sind, so muss wo der Mehrheitsbegriff heraustreten soll, beim Zusatz eines andern Plurals und bei Theilung der im Pronomen zusammengefaszten Personen, der Plural desselben Adjectivs angewandt werden, *duo duum nostrum patres* und *aliquis vostrum*, nach des Schriftstellers Belieben auch *contentione nostrum* und *maiores vostrum* bei Cicero und Sallust. Das 6e Jahrhundert bedient sich dabei der kürzeren oder längeren Genetive, *nostrorum nemo dignus est* und *maxima pars vostrorum*, im letzteren Falle natürlich wo bloss weibliche Personen in Betracht kommen *neutram vostrarum*; die classische Periode, welche durchweg die Klarheit der Rede durch verschiedene Fixierung der einen und der andern Form fördert, nur der kürzeren. — Bei den geschlechtigen Pronomina *eum antiqui pro eorum* nach Festus, und dieser Genetiv wird in der alten Formel *eum h(ace) l(ege) n(ihilum) r(ogato)*, wo sonst Sing. *eius* steht, noch in der lex Iulia munic. Z. 52 gefunden, sonst ausschliesslich Masc. Neutr. *corum* wie Fem. *earum*, bei den Dramatikern zweisilbig wie *corundem* bei Ennius *ann.* 206 dreisilbig; *horunc alterum* C. I. L. 1 n. 1007, *harunc Baccharum* bei Plautus und Terenz, *harunce aedium Stich.* 450, *harunce rerum* Cato *r. rust.* 139, immer ohne Affix *istorum illarum*, *quorum quarum*. Charisius p. 162, 2 und 7 gibt einen Gen. *cuium* für Masc. Neutr. an und zwar als regulären Genetiv zum Indefinitum Nom. Plur. *ques*; dies *quoium* entspricht einerseits dem Sing. Gen. *quoius* wie Plur. *hominum* dem Sing. *hominus*, und fällt anderseits zusammen mit dem Plur. Gen. des Pronominaladjectivs *quoius* wie *nostrum*. Plautus *trin.* 533 *neque umquam quisquamst, quoius ille ager fuit, quin péssume ei res vorterit; quoium fuit, alii exulatum abierunt alii emortui*, wo man ohne Künstelei nur den Gen. Plur. verstehen kann. In der lex agraria Z. 9 *neive quis facito quo quoius eum agrum esse oportet, eum agrum habeat* und Z. 10 *neive quis ferto quo quis eorum, quoium eum agrum esse oportet, eum agrum habeat*, was ich wie bei Plautus erkläre, obgleich in der sonst verstümmelten Stelle Z. 8 *quoium* auf *eum* folgt und in der lex repet. Z. 5 geschrieben ist *quoius nomen delatum erit aut quoium nomen ex reis exemplum erit, seiquis eius nomen* usw. Charisius hat in sofern Recht, als der Genetiv verallgemeinernde Kraft zeigt, wie einst *eum quis volet magistratus multare liceto* gegenüber dem in unseren Gesetzen dafür angenommenen *quei volet*.

Ablativ des Singularis.

Bei der Bildung dieses Casus, der im Latein das Woher und Wohin, Womit und Wodurch ausdrückt in *Roma isto curru vi*, und überhaupt so verschieden nuancierte Verhältnisse, dass man ihn den paratakischen Casus κατ' ἐξοχήν nennen möchte, der nicht die Unterordnung des betreffenden Nomen unter ein Verbum oder ein anderes Nomen sondern bloss die Unselbständigkeit und allgemeine Abhängigkeit desselben im Satzgefüge darstellt, war das charakteristische Element der Laut *t*, so wie bei der Genetivbildung das *s*-Zeichen. *t* ward im Italischen, welches sich durch Bewahrung des Ablativs vor dem Griechischen auszeichnet, zu *d* erweicht: oskisch *egmad sakaraklúd slaagid*, lateinisch *praidad pucnandod coventionid*. Während das Oskische dies ablativische *d* stets erhalten, hat das uns bekannte Umbrische es bereits gänzlich verloren, *tuta* gleich osk. *toutad*, *puplu* gleich lat. *poplod*, *kresture*; im Latein verliert sich der schwach auslautende Consonant seit dem 6n Jahrh., den Anfängen der Litteratur. Die Duelliussäule vom J. 494, wie sie Quintilian auf dem Forum sah und das auf uns gekommene Fragment, gibt keinen Ablativ ohne *d*, ja ebenso noch der Erlass über die Bacchanalien vom J. 568 bis auf die am Schluss mit anderer Schrift nachgetragene Ortsangabe *in agro Teurano*. Die zu Anfang des 6n Jahrh. verfasste Scipionengrabschrift C. I. L. 1 n. 30 bietet *Gnaivod patre prognatus*, etwa gleichzeitig 181 *quaistores aire molticod dederont*, wodurch die Vermutung nahe gelegt wird dass der Schwund des *d* von den consonantischen Stämmen und solchen Verbindungen mehrerer Ablative ausgieng. Auf den Urkunden des 7n Jahrh. ist *d* bis auf ein paar Beispiele erstarrter Ablative verschwunden; wenn in den Fasten von Amiternum nach dem J. 769 *eod die* zum 2 August geschrieben ist neben *eo die*, bei Boissieu inscr. de Lyon p. 477 *prod* für *pro*, so sind das mehr Schreibfehler als versprengte Archaismen. Nun mag man immerhin behaupten dass der Amtsstil sich durchweg länger im hergebrachten Geleise fortbewege, Dichter aber und Schriftsteller im einzelnen der Sprache ihrer Zeit vorauseilen, dies Facit bleibt dass im 6n Jahrh. die Bildung des Abl. mit *d* neben der jüngeren hergieng, und wenn Nävius Plautus Ennius nicht absonderlichen Grillen nachjagten, so müssen auch sie die ihren Zeitgenossen geläufige Form um so mehr angewandt haben, als die Auswahl unter mehr Endungen das oft gewaltsame Streben nach rhythmischer Gestaltung erleichterte und als sonst Dichter wenigstens die eine oder andere Stelle durch altertümliches Colorit zu heben suchen. Der Abstand ist wahrlich gross genug zwischen der Gesetzessprache und der Litteratur, wenn was im SC. Bac. Regel, bei dem zwei Jahre darauf gestorbenen Dichter nur noch Ausnahme ist, wenn dieser für gewöhnlich schon Elisionen der Ablativendung gestattet: *mágis quam scorto aut sáviis* und gar im letzten Fusse *most.* 1139 *absénte te*: im übrigen aber muss man sich gewöhnen, wie überhaupt die Plautuskritik sich künftig hüten wird in sprachlichen Dingen durchgehende Gleichförmigkeit zu erzwingen, für plautinische Verse den Abl. *ingratod homine* neben *ingrato* vorauszusetzen, den bei Ablativen so haufigen Hiatus nicht erklären als hätte der plautinische Senar einen andern Bau als der terenzische, sondern daraus dass in jenen Versen die alte, eine Generation später erloschene Sprachform nachwirkt, wie ich mit Bezug auf einen ähnlichen Fall schon im litt. Centralblatt 1865 p. 1450 unter Vergleichung der homerischen Gedichte bemerkt habe. Natürlich gibt unser Text jenes *d* so wenig wie der aristarchische des Homer das Digamma, und kein besonnener Forscher wird z. B. in *adaequet most*. 30 eine Form *adaequed* anerkennen; natürlich bieten unsere Handschriften, wenn man die Composita *antideo* neben *anteo*, *antidhac* und *postidea* neben *antehac* und *postea* ausser Acht lässt, das *d* lediglich im Abl. der persönlichen Pronomina: denn in derjenigen Periode auf welche die allererste Redaction des Plautus zurückgeht, war zwar noch *sed* lebendig (in der tab. Bant. um 630) und gewis ebenso *ex med*, *abs ted*, aber *senatud poplicod legid* längst begraben. Ein Horaz konnte über die plautinischen numeri kein Urteil haben, weil die dabei vorausgesetzten sprachlichen Thatsachen dem Bewustsein seiner Zeit völlig entschwunden, der Mehrzahl nicht einmal bekannt waren. Bei Nävius und Ennius sind wenige Spuren der *d*-Form in der Ueberlieferung durch Grammatiker erhalten, *noctú Troiád exibant* im b. Poen. V. 8 für *Troiade* bei Servius, *álted élata petrisque ingentibus tecta* in den Annalen V. 366 statt *alte delata* bei Festus, *quodcum* ebenda 239 bei Gellius gleich *quocum*. Letzteres Beispiel, wo kein metrisches Bedürfnis vorliegt, müste rundweg für ein Versehen der Abschreiber erklärt werden, wenn man nicht noch fünfzig Jahre später im

Repetundengesetz läse Z. 13 *quei condemnatus siet quod circa cum insenatum legei non liceat*, oder meint jemand im Ernste dass dies ein anderer Casus sei als in der l. Iulia munic. Z. 118 *quei condemnatus est quo circa cum in Italia esse non liceat?* Von plautinischen Stellen die hierher gehören seien einige angeführt, deren Zahl leicht vermehrt werden kann, *trin.* 540 *sués moriuntur anginá acérrume* gleich *anginad*, *glor.* 4 *praestringat oculorum aciem in ácie hóstibus*, *Bacch.* 428 *ibi cursu luctándo hásta*, 941 *hoc in equo insunt milites*, *Men.* 91 *suo arbitrátu ád fatim*, 563 *cum coróna ébrius*, 903 *vita évolvam sua*, *Stich.* 216 *sum famé emórtuos* statt *famed*, welche Schreibung ich wenigstens in der Arsis für die echt plautinische halte, *most.* 152 in Kretikern *disco hástis pila cúrsu ármis equo* wo das einstige *d inter duas vocales velut nota est ne ipsae coeant*, nicht minder *trin.* 726 *dormibo plácide in tabernaculo*. Der Hiatus wird so zu einem bedeutsamen Fingerzeig, *Men.* 526 *atque húc ut addas auri póndo únciam* oder 445 *plús triginta ánnis natus ego sum*, denn ich zweifle nicht dass diese Zahlen, *septuaginta* usw. *duodequadrainta*, wie die Länge noch unter Augustus betont ward, ablativische Composita sind. Terenz hat keine *d*-Formen mehr, bloss *antehac* zweisilbig, und obwohl *prodambulare* von ihm so gut wie *prodesse* und *prodire* geschrieben werden konnte, so mag man doch *ad.* 766 *prodeámbulare huc lubitumst* ertragen, wenn die Textesquellen mit Donat übereinstimmen.

Die vocalischen Stämme bilden den Ablativ, indem sie an den gedehnten Vocal *d* anhängen. Also bei den *a*-Stämmen *de praidad, sententiad* (Hübners Index p. 603), im SC. Bac. *exstrad urbem* und *suprad scriptum est*, zu einem Beutestück des Marcellus Consuls im J. 543 *M. Claudius consol Hinnad cepit*, aber zu einem des Nobilior Consuls im J. 565 *M. Fulvius cos. Aetolia cepit*, wonach der Wechsel mitten in die Blütezeit des Plautus fällt, seitdem ohne *d catenā eximia infra Aenea*, danach archaisch und provinziell auch *cum schema* und *scholam cum actoma* (Or. 6919); mit kurzem *a* erst beim Verfall aller Prosodie, *in tota venerabilis únctā popina*, welche Phrase der Versifex de Amphitryone 217 und mehrmals aus Horaz nahm, inschriftlich *cum pálmā relatus*. Bei den *o*-Stämmen *Benventod, in altod, in preiratod, meritod*; auf der Bronze von Bologna C. I. L. 1 n. 813 *Iunon]e Loucinai ..... astud facitud*, wie Mommsen meint, *die nefasto facito* imperativisch, wie Ritschl, *castu* oder *casto facto* im Particip, wahrscheinlich die Endung *ud* neben *od* wie im Oskischen *tanginud* und *aragetud* neben *tanginúd* und *Búvaianúd*; so *apud* von Wurzel *ap*, wofür Paulus Festi *apor* angibt, Scaligers Glossar aber *apo* παρά. Nach Schwund des *d Gnaeō occulto* usw., die Volkssprache des 6n Jahrh. war auf dem Wege die Länge des Auslauts zu zerstören: Plautus *Stich.* 2 *virō suō caruit* anapästisch, *Persa* 615 *bonō* und *Bacch.* 516 *málō*, Terenz *ad.* 198 *dómō me eripuit*, Plautus und Terenz *citō* neben dem üblichen *cito*, *merc.* 331 *quo modō* was zu *quómodō* abgeschliffen ward, *Bacch.* 75 *iócōn adsimulem an serio*, wie *viden* und anderes; bei den Nomina restituirte die Kunstdichtung den langen Vocal. Bei den wenig zahlreichen *e*-Stämmen ist kein Beispiel der *d*-Form erhalten: *pernicie avaritie*, in derselben Weise *fame, tabe labe sorde* bei Lucrez 1, 806. 5, 930. 6, 1271; für *specie* schreibt B *trin.* 840 *specia* nach der *a*-Declination wie *sua inmunditia* und *munditia Stich.* 747 und früher genanntes; trochäisch ist der Vers *Persa* 243 *fidĕ data* mit Verkürzung des vielgebrauchten Wortes, wie auch *glor.* 1369 *fidĕ nulla*. Im SC. Bac. *facilumed* lehrt dass *certe* wie *certo* und alle Adverbia auf *e* von den Adjectiven auf *us a um* ablativischen Ursprungs sind, indem die Sprache wie durch *pulcrad* und *pulcrod* die Genera des Nomen, so durch *pulcred* die adverbiale von den Nominalformen sonderte. Ablativisch ist auch das oskische Adverb *amprufid*, ob von einem *a*-Stamm wie lat. *improbed* umbr. *prufe* oder vielmehr von einem *i*-Stamm, steht dahin. Auch die Adverbialendung wird gekürzt theils durch häufigen Gebrauch wie *malĕ benĕ*, zum Theil unter metrischem Einfluss wie *prosperĕ* und *maxumĕ* in Anapästen des Plautus *Pseud.* 754 und *glor.* 1024, *supernĕ* bei Lucrez und Horaz. Nach der *u*-Declination *magistratud*, wofür im SC. Bac. vom Graveur *magistratuo* wie bei Plautus *Men.* 492 *méo absenti* und *merc.* 197 *méo iam* für *med* verschrieben ist. Dann *ū* in *a pecu, in statu, hac noctu, sub diu*, zum Zeichen des langen Vocals *pequlatuu* in der lex Cornelia de XX quaest.; mit verkürzter Endung alt *quód manŭ nequeunt*, Nävius *etiám qui res magnas manŭ saépe gessit gloriose. ex hac domu* Plautus *glor.* 126, feine Inschr. um Sullas Zeit C. I. L. 1 n. 1009 V. 21, Verrius zum 28 April, Inschr. bei Fabr. 135, 101. 146, 178. 210, 526; *humu* Varro, wo die *o*-Formen häufiger waren. Ständig wechseln *o* und *u* bei den Verbalsubstantiven, *pagei scitu* C. I. L. 1 n. 573 neben *plebei scito, sortitu* und *sortito, tortu* und *torto, opus est factu* und *facto, inconsultu* und *inconsulto*; die Bildung solcher Verbalia in diesem Casus hat die Sprache sehr geliebt, *in nutricatu, meo datu* und *adlegatu, tuo arcessitu, ex eo compressu, natu grandior* (aber nie so unsinnig *animus natu gravior ignoscentior* Ter. *hautont.* 645, was zunächst aus *natura, o vir*, verderbt ist), daher viele ausser dem Ablativ nicht vorkommen, wie die negativen *iniussu meo*; alle sog. Supina sind Accusative und Ablative, letztere mit Dativen verwirrt. Wo das classische Latein *u* fixiert hatte, schreiben doch Provinzialen *o*, *in fructo* in den berliner Monatsber. 1857 p. 521, *spirito* bei Boissieu p. 308.

Für die *i*-Stämme dürfen wir als alte Ablative *aved* und *avid* mit gedehntem Vocal voraussetzen. Den Verfasser der Duellius-Inschrift, welcher *navaled* wie *dictatored* aber zweimal *marid* und zwar mit verlängertem *i* schrieb, habe ich im Verdacht dass er ohne weitere Umstände die zu seiner Zeit üblichen Formen mit einem *d* versah (daher auch *praedad* wofür die wirklich alten Furius-Inschriften *praidad* bieten). *antedeo* steht bei Plautus *Bacch.* 1089, geläufiger war damals ohne Zweifel *antideo*. Wird die einreissende Verkürzung der Endung durch die Composita *antidhac* und *postidea* auch nicht vollkommen erwiesen, so lassen doch andere Analogien und der gleichzeitige Gebrauch von *antĕ* mit steter Kürze und *poste post* kaum Bedenken übrig. Es versteht sich dass die Kürze keineswegs bei allen Wörtern und bei demselben Wort nicht ausschliesslich durchdrang; wie *avī* dem *avīd*, so entspricht *avĕ* das schon im 6n Jahrh. gefunden wird wohl älterem *avĭd*; im tit. Scip. 33 *facilé facteis superases gloriam maiorum* sehe ich den langen Ablativ des *i*-Stammes, *proclivi* war im Gebrauch neben *proclivĕ*. Betrachten wir nun die consonantischen Grundformen, so zeigen diese in den echten Urkunden nur die Endung *id, airid* für wenig jüngeres *aire, coventionid*, [*no*]*minid*, und es kann nicht für wahrscheinlich gelten dass diese Endung aus einem besonderen, von Haus aus kurzen Suffix, ursprünglich *at*, entwickelt sei; vielmehr empfiehlt sich die Annahme dass die consonantischen Stämme im Latein das Ablativsuffix der *i*-Flexion erborgt haben, so dass die Quantität auch hier nicht erst auf Ersatzdehnung nach Abfall des *d* zurückgeführt zu werden braucht. Jedenfalls kam, als der Vocal in den Auslaut trat, langes *e* und *i* auch consonantischen, kurzes *e* (denn auslautendes kurzes *i* widerstrebte dem Römer) auch *i*-Stämmen zu. Im tit. Scip. 30 *Gnaivód patré prognatus*, bei Nävius b. Poen. 3 *órdiné ponúntur*, bei Plautus nicht bloss *glor.* 707 *meá bona mea morté cognatis dicam, inter eos partiam, ei apud me erunt, me curabunt*, 720 *sin forté fuisset febris*, Men. 478 *dé parté mea* (wo die Hss. zwischen *parte* und *parti* schwanken, ein ziemlich gleichgiltiger Umstand, da die Entscheidung in der Länge oder Kürze des Vocals liegt, weshalb z. B. *glor.* 262 der handschriftliche Ablativ *sermóni* kaum der Anführung werth ist), Cas. 2, 7, 5 *sorti sum victus, trin.* 714 *sine dotei neque tu hinc abituru's* (vgl. 605), *capt.* 914 *tótum cum carni carnarium*, sondern ebenso auch Stich. 71 *grátiam a patré si petimus*, most. 256 *múlieri memorarier, capt.* 807 *qui alunt furfuri sues, Bacch.* 628 *múlta mala mi in pectoré nunc, Persa* 41 *nam tú aquam a púmicé nunc postulas*, um andere mehr zweifelhafte Stellen aus dem Spiel zu lassen wie *glor.* 699 *mé uxoré prohibent mihi quae huius similes sermones serat* oder 932 *a tua úxoré mihi datum esse camque illum deperire*, an deren ersterer die Schreibung *med* möglich, an deren letzterer *a tuád uxore mihi datum esse* sogar wahrscheinlich ist. Auch Terenz hätte sich Betonungen wie hec. 531 *témporé suo, ad.* 346 *pro virginé dari, hautont.* 216 *ex suá lubidiné moderantur* nicht erlaubt, wenn nicht noch damals die Länge der Endsilbe Spuren hinterlassen hätte. Ennius wenigstens ann. 420 *súb monté*. Die Schreibweise *ei* als Mittel zwischen langem *e* und *i* ist auf Inschriften selten (Hübners Index p. 603), *quei núnquam victus est virtutei* im tit. Scip. 34 um das J. 600, *proxuma faenisicci* wie *proxuma aestate* und *ab fontei* neben *ab fonte* in der tab. Gen. vom J. 637, *partei* und *omnei* noch unter Cäsar, *annalei* Varro laut Charisius Zeugnis p. 120, 28; in den Hss. der Autoren deuten vielleicht Corruptelen wie *innabellippam* auf *in navei lippam*. Wo *i* im Auslaut steht, bezeichnet es gewis langen Vocal, während im Inlaute wie *ab eo heredive eius* oder *hereditati deditionive obvenit* in der l. agr. vielleicht nur euphonische Umgestaltung von *heredéve* und *deditioneve* obwaltet, wie *benevolentia* und *benivolentia* gesprochen ward; in vulgären Hexametern freilich auch *tam simplicī vita* Or. 7386. *sorti* wahren die l. repet. und die l. agr. beide, die erste hat *parti* neben *parte* Z. 65, *de sanctioni* Z. 56 neben *dicione contione*, die l. Iulia munic. *pro portioni* Z. 39 und *corpori* Z. 122, einzelne alte Inschriften *silici nomini marmori* wie nach der Republik noch *pietati* (Fabr. 5, 26). Bei Lucrez *parti* 1, 1111. 3, 611. 4, 515 und *morti* 6, 1232 wie *imbri*. Sonst endigen seit dem Ende des 6n Jahrh. die Substantiva welche im Nom. Sing. consonantischen Stamm zeigen, regelmässig auf kurzes *e*, *lege urbe Ope potestate monte necesitudine consule honore corpore*. Nicht anders die meisten Nomina der *i*-Declination, *aede colle orbe mense veste*, ein paar schliessen *e* aus, *vi siti tussi*, wenige ziehen in der classischen Zeit *i* vor, *igni*, griechische Wörter wie *basi* und Neutra wie *mari* und *vectigali* (aber *marĕ* sicher bei Varro vom Atax und Lucrez 1, 161, *vectigale* wie *natale* Inschr. I. R. N. 4869). Ablative wie *cónclavi* und *cúm vecti*, wo die Arsis den langen Vocal garantiert, trifft man bei den alten Dramatikern nur ganz vereinzelt, schwerlich durch Zufall, da *próclivi pari leni triplici cápitali cleménti* zum Theil wiederholt sich finden, *glor.* 752 *prolétari sermone* für *proletario*, wofern es nicht richtiger als Genetiv zu *proletarius* gefasst wird, *Bacch.* 928 *millé cum numero navium* gleich *milli* ähnlich dem griechischen cùν χιλία ἵππῳ, wie das Neutrum noch bei Lucilius decliniert ward *milli nummum uno*. Beispiele in der Thesis wie *ósse fini*, *civi femina*, *fústi pectito* und die der Prosa unterliegen keinem Einwand, entbehren aber auch der zureichenden Beweiskraft. Lucrez schwankt zwischen *finique locet se* und *fine patere*, *a fine profectum*; *classi* wie Vergil und *posti* wie Ovid schrieb, waren nicht mehr die gewöhnlichen Formen ihrer Zeit. Die Regeln Cäsars und anderer Grammatiker, dass die weiblichen Nomina welche den Acc. auf *im* und die ungeschlechtigen welche den Nom. auf *e al ar* haben, den Abl. auf *i*, die welche im Nom. und Gen. Sing. übereinstimmen, den Abl. auf *i* und *e* bilden sollten, wurden vom Sprachgebrauch vielfach durchbrochen; Inschriften um das J. 800 d. St. schreiben *a turre* (Or. 5514. 5417. 5419), die Dichter wählen *puppe*, auch die Theorie muste *igne* anerkennen. Bei den Adjectiven, an die sich die genannten Neutra eng anschliessen, bekam die *i*-Form den Vorzug, *in agro Genuati* im J. 637, *fatali igne* um das J. 700, Augustus im J. 767 *grandi consulari penetrali servili* wie ausserdem nur *mari*, Claudius im J. 801 *inopi Tarquiniensi consulari provinciali decemvirali civili* aber *difficiliore*. Bei Lucrez *inopi memori diti hebeti ancipiti vementi consorti duplici sagaci*. Ausnahmen fehlen nicht, *pernicĕ chorea* 2, 635 neben *saltú pernicĕ tollere corpus* 5, 559, bei Ovid *speciĕ caeleste resumpta*, in Prosa bei Cicero verbürgtermaassen *aliquo excellente ac nobile viro*, C. I. L. 1 n. 1429 *nomine servile*. Die lex agr. schreibt *vetere*, eine africanische Inschrift (Renier 4070) *domo sua veteri*. Bei den Comparativen ist *maiori* heutzutage nicht nachzuweisen vor Lucan und den Dichtern welche Priscian 7 § 69 nennt, denn die republikanischen Inschriften und das augusteische Zeitalter kennen lediglich *maiore priore*; aber dass *maiorid* auch zu *maiorī* ward, ist an sich glaublich und wird von Plinius bestätigt, der in den 'Handschriften und sämmtlichen Fasten' *a Fulvio Nobiliori* las, wohl in Urkunden des 6n und 7n Jahrhunderts; auf späteren Inschriften *ampliori titulo* (Maffei mus. Veron. 147, 2) und ähnliches. Bei den Participialbildungen auf *nt* sind von Alters her *i* und *e* gebräuchlich: auf der tab. Gen. *in re praesente*, aber in der l. agraria *pequnia praesenti* wie Plautus *Men.* 1159 *praésenti pecunia* und Terenz *Phorm.* 957 *animo virili praesentique*, in der lex Iulia munic. Z. 56 *ubi continenti habitabitur* nach Z. 20 *ubei continente habitabitur*; für Horaz hat Bentley zu *carm.* 1, 25, 17 die Untersuchung in gehöriger Weise geführt, wonach unter etwa 60 Beispielen nur einmal (2, 19, 5 *euoe recenti mens trepidat metu*) *i* durch den Vers gefordert wird, in allen übrigen *e* entweder notwendig oder zulässig ist. Die letztere Form hatte sich beim Ablativus absolutus festgesetzt und Verrius forderte sie schlechthin; Plinius macht subtile Distinctionen, *a prudente* nemlich *ab homine* aber *a prudenti consilio*, wie auch sonst ähnliche, *Iuvenale* aber *iuvenali in corpore*, mit besonderer Klügelei *ab hoc forte oratore* wenn man den Cicero dabei nennt, aber *ab hoc forti viro* wenn es eine mehr generelle Bemerkung ist; einfacher spricht Servius jenen Worten, wo sie als Participia und Adjectiva stehen, *i* und *e* zu, *ardenti* und *ardente*, wo als Substantiva, bloss *e* wie *tridente*. Die Vorschrift des Verrius (Charisius p. 126, 9) lässt erkennen dass der damalige Usus dergleichen Unterscheidungen noch nicht genehmigt hatte; die Fasten schreiben *in colle Quirinale* jedesmal und das Volk *lanius de colle Viminale*; dass hier die Endung abgeschliffen ward und nicht ebenso in *veste triumphali*, hieng von der Gangbarkeit jener Wörter im Leben ab, nicht von der grammatischen Qualität. Statt des kurzen *e* wird *ae* geschrieben schon im J. 136 n. Ch., *iniquitatae* im Beschluss eines Collegium von Lanuvium Or. 6086 Col. 2.

Beim persönlichen Pronomen *med haud invita* und *abs ted auferat* plautinisch, dann *me* und *te* wie *se* aus *sed*. Die *seditio* ist in der Auffassung des Staates das Gegenstück der *comitia*; die Identität des pronominalen Ablativs mit der Präposition in *sēvoco seorsum* und der Partikel *sed set* kann nicht wohl bestritten werden, da der Stufengang dieser Entwickelung leicht erhellt; die Partikel gleicht unserm 'allein'. *sed fraude* oder *frude sua* geben die l. repet. und die l. agr., diese daneben *se dulo malo*, die l. Rubria *se sponsione*, Deutlichkeit der Sprache führte zur Anhängung des negativen *ne*, *seine sufragio* in der l. repet. neben der üblichen Verkürzung *sīne malo pequlatu*. — Bei den geschlechtigen Pronomina Fem. *qua* Masc. Neutr. *quo*, *hace* oder minder oft auf republicanischen Inschriften *hac* und *hoc*, wofür nur einmal C. I. L. 1 n. 1291 *ex hoce loco* steht, ohne das Affix *hodie* aus *hoddie*, daher mit Länge der ersten Silbe wiederholt bei Plautus, z. B. *most.* 174 *donábo ego hódie áliqui*, regelmässig verkürzt *hŏdie* wie *quŏmodo*, ebenso *ista*, *istacine causa*, und *isto*, *istocine pacto*. Die adverbiale Function 'hierher' ward von der nominalen unter den Kaisern gesondert durch den Umlaut zu *huc istuc illuc*, alt *hoc veniundum est tibi* und *hoc mansum veni*, noch in Claudius Rede *illoc potius revertar*, auch in Hss. nicht immer verwischt. wie bei Plancus *exercitum hoc traiciendum cures* und bei Cicero. *ea* und *eo*, im SC. Bac. *quei arvorsum ead fecisent quam suprad scriptum est* wie *antea praeterhac postilla quapropter* u. a.; *eadem* dreisilbig bei

Pl. *Bacch.* 60, zweisilbig ebenda 49 und mit volksthümlicher Licenz sogar bei augusteischen Dichtern.

Dativ des Singularis.

Auf diphthongisches *ai*, welches ursprünglich den Charakter des Dativs ausmacht, weist noch die Länge des *i* zurück, welches im Dativ der *a*- *e*- und *o*-Declination an den Stamm tritt, der Stammvocal wird davor gedehnt. Also Dat. *Romai* in drei Längen zu einer Zeit wo der Gen. wohl durchgängig noch *Romas* war, *terrái frugiferái* als Dativ ausdrücklich bezeugt bei Ennius *ann.* 479, auch *Menervai* und *Loucinai* auf Inschriften des 5n Jahrh. (C. I. L. 1 n. 191 u. 813) können viersilbig sein. Das *i* in *Római* verklingt wie im griechischen θεᾷ und fällt ganz ab in etwa 10 Beispielen gegen das 6e Jahrh. hin (Hübners Index p. 603): *Feronia Sta. Telio dede, matre Matuta dono dedro, Iunone Loucina Tuscolana sacra.* Anderntheils ward *Romai* in zwei Silben zusammengedrängt und gieng so vom Genetiv und Locativ nicht mehr unterscheidbar in *Romae* über, wie oskisch *Fluusai* (lat. *Florae*). Diese Contraction muss im 6n Jahrh. vollkommen obgesiegt haben, weil Dihärese der Endung ausser dem Ennius-Vers nicht mehr begegnet, auch wo *ai* geschrieben ist wie *et meai vitae* Pl. *trin.* 822. Die amtlichen Urkunden vom 7n Jahrh. ab bieten *ai* zwar noch im Gen. das eine oder andere Mal aber im Dativ nirgends; dazu passt dass Nigidius um den Gen. und Dat. graphisch zu scheiden *huius terrai* aber *huic terrae* aufstellte (Gellius 13, 26). Einige freilich schrieben *ai* im Singular *cum in dativum vel genetivum casum incidissent* (Quintil. 1, 7, 18), so in der Republik *Vergilius Rufus Vergiliai Hilarai* und *Dexsonia Clemio sibi et Philemae suae amantissumai*, in den Fasten von Allifae vor dem J. 725 zum 30 Juli *Fortunai*, im elogium 24 *curai sibi habuit*, und da wieder andere *ai* überall wie die Griechen setzten, Kaiser Claudius z. B. *Antoniai Augustai matri* und seine Freigelassenen *cullibertai suai Claudiai Genesini*, so gieng diese Schreibweise auch im Dativ nie ganz aus. Wie alt die Contraction von *ai* ist, geht am besten daraus hervor, dass um dieselbe Zeit wo der Dat. auf *a* ausgieng, statt jenes Diphthonges bereits einfaches *e* angetroffen wird, C. I. L. 1 n. 168 *donu dat Diane*, 183 *Victorie dono dedet* im Picenter- und Marsergebiet, also in der Nähe des Umbrischen das keinen andern Dativ der *a*-Stämme mehr kennt als *tute Ikuvine*, aber auch in Tusculum n. 64 *Fourio de praidad Fortune dedet.* Diese Trübung von *ae* mag im Volksmund fortbestanden haben, ehe sie etwa gegen Ende der Republik wieder in der Schrift auftritt bei Plebejern „*L. Cornelius L. f. Sula sibi et Amande* (solche Namenbildung war aus sichern Gründen erst viel später möglich als *Ampliata* und selbst *Dirutia*), dann in der Kaiserzeit quantitativ durch die Zahl der Beispiele und qualitativ durch das Eindringen in die höheren Schichten zunimmt, endlich selbst in officiellen Documenten, *Vlpie Severine Aug. coniugi Aureliani* Or. 5552, mithin allgemeine Geltung erlangt. Aber Dative wie *Nice Arche Agathe* schliessen sich an die griechische Form Νίκῃ an, das römische Volk zog Stammeserweiterung mit *n* vor, *Apateni Callitycheni Agathaeni* wie *Helpini Zoini* für *Helpi Helpidi* oder *Chrysarioni* und *iuveni margaritioni* (Fabr. 44, 253) für *Chrysario*, wo *n* schon vorhergieng, und sonst bisweilen die mit *t*, *Hedoneti Cyriaceti*, ganz ausnahmsweise *Hedonéi* wie *Spei*, indem der Jargon lieber auch beim lateinischen Worte *Speni* bildete. Die Schwächung von *ae* zu *e* machte schliesslich Verse möglich wie I. R. N. 7017 *hoc pater infelix posuit piĕ natĕ merenti*.

Bei den *e*-Stämmen *faciei* mit ionischer Messung, *plénus fidéi* Ennius *ann*. 342 und nachmals wieder Paulinus Petricordius (L. Müller metr. poet. lat. p. 248), während die classische Zeit ausser nach *i* Kürzung des Stammvocals eintreten liess, *fidĕi*, Plautus *póstquam ei réi operám damus* und in Bakcheen *amórin me an réi opsequi potius pár sit*, wo *amórine me án rei* mit Elision dieses Wörtchens entschieden schlechter. Die vollen Formen wie *dici* erhielten sich und wurden seit Cäsar, vielleicht auch auf dessen Empfehlung hin, zur Regel gestempelt; Augustus im mon. Ancyr. schreibt Dat. *plebei*. Gen. *plebis*., die stete Länge des *i* wird öfter durch Verlängerung bezeichnet, *SpeI* in den Kalendarien neben *Spei*. Aber im alten *fidēi* verklingt auch das *i* wie in φυγῆι und schwindet ganz gegen das 6e Jahrh. hin, *Fide* der Göttin C. I. L. 1 n. 170, *mandatus est fide et fiduciae* Pl. *trin*. 117 nach B, während die anderen Hss. *fidei* substituieren wie 128 und 142, *tuae re* und *ei re* ebenda 635 und 757, *huic ego dié nomen Trinummo facio* ebd. 843 (womit wenigstens die Tradition solcher Dative von Alters her bewiesen wird, denn Plautus liess den Sykophanten mit dem nötigen Gestus sprechen *huice hodie*), Pseud. 126 *pubé praesenti*, was Festus p. 253 als Ablativ verstand, *tuae mandó fide* im Versschluss Ter. *Andr*. 296, *facie* bei Lucilius, *commissa fide* Horaz *sat*. 1, 3, 95, ähnliches in Hss. des Sallust und Livius, *Claudiae Spe* Inschrift bei Gori 1, 371, 122: *in casu dandi qui purissime locuti sunt non faciei sed facie dixerunt* sagt der Archaist Gellius (9, 14, 21). Durch Contraction entstand zweisilbiges *fidei*, einsilbiges *rei*, so meist bei den Scenikern in Verbindungen wie *ei rei operám dabo*, *ei rei óperam dare*, *ei rei fundus*, *ei rei árgumenta*, wenn man nicht gegen die hsl. Ueberlieferung überall den Diphthong abändern will. Aber es ist klar dass aus diesem Mischlaut die ferner bezeugte Endung des Dativs auf blosses *i* hervorgieng, *facii* lasen nach Gellius manche für *facie* bei Lucilius, und bei Pl. *merc*. 13 Servius *Nocti aut Dii*, während die Hss. den Abl. *noctu aut die* darbieten, Dat. *fami* Stich. 158 kann demnach auch hierher gezogen werden. Oskisch in der Weihinschrift von Agnone Dat. *Kerrii* und *Kerri* vom *e*-Stamm, der im lat. *Ceres* mit *s* vermehrt und weiblich begrenzt erscheint wie *dici* und *die*.

Bei den *o*-Stämmen einst *agroi*, welche Schreibung Marius Victorinus p. 2458 P. noch kennt *ex libris antiquis foederum et legum, etiamsi ex frequenti transcriptione aliquid mutarunt*; p. 2463 erwähnt er speciell *populoi Romanoi*, und so konnte vielleicht noch Ennius einen Vers schliessen, aber dass dieser *ann*. 129 *Mettói Fufettói* nicht schrieb, folgt aus Quintilians Angabe, der *duos in uno nomine soloecismos* exemplificieren will, und aus dessen Handschriften die auf *Métti Fúfetioo* weisen;

seltsam aber sind Victorins weitere Belege p. 2469 *non solum ex libris veteribus sed etiam ex peritorum quorundam scriptionibus ut cameloi caproi*, im besten Falle Paradigmen eines unterrichteten Grammatikers, da diese Dativform abgestorben war als die Römer mit dem Kamel bekannt wurden. Das *i* von *agroi* schwindet wie in ἀγρῶι; indem das Latein *agrō* als einzige Form seit dem 6n Jahrhundert anerkennt, verfolgte es hier den bei der *a*- und *e*-Declination nur vorübergehend und halb eingeschlagenen Weg mit Consequenz. Das Oskische vereinigte Stamm- und Casusvocal im Dativ *hurtúí* oder *Abellanúí* zum Diphthongen *oe* der im Umbrischen schon überall zu *e* und *i* gesunken ist, Dativ *kapre* und *kapri*. Verkürzung bei Plautus, wenn auch in Anapästen Men. 602 *virŏ mĕ malŏ mále nuptam* setzt völligen Untergang des alten Suffixes voraus.

Consonantische und *i*-Stämme bilden den Dativ im Italischen gleich, bei beiden ist im Latein Dativ- und Locativ-Endung dieselbe. Es fragt sich daher ob *matrē* ein echter Dativ ist mit dem Suffix *ai* wie die gleiche Form im Sanskrit, sodass bei den Grundformen auf *i* dieser Vocal im folgenden *e*, *i* aufgegangen, oder ob *avē* locativischen Ursprungs ist wie im Griechischen bei Homer πόληι πτόλει πτόλι, sodass die consonantischen Stämme sich der *i*-Flexion anschliessen (Schleicher vergl. Gramm. 2, 461). Das Latein bildet diesen Dativ auf *e* wie das Umbrische, regelmässig zu der Zeit wo der Ablativ noch *d* hat, namentlich in den Dedicationen des pisaurischen Hains die schwerlich über das Ende des 5n Jahrh. hinausgehen, *Iunone Salute matre*, sonst *patre Marte Diove Iove Victore Hercule* (Hübners Index p. 603). Quintilian las auf alten Werken und berühmten Tempeln Roms Inschriften wie *Diove Victore, non Diovi* (1, 4, 17), vermutlich auf dem Quirinal von dem uns noch gleiche Weihinschriften erhalten sind (C. I. L. 1 n. 638). Für Plautus will natürlich handschriftliches *e* statt *i* wie glor. 1020 *sérmoné* wenig bedeuten, mehr Varianten wie merc. 521 *bona — fruge* in A neben *bonam hercle te et frugi* in den anderen Hss., indem das echte *fruge* auf den Gedanken des Ablativs und so zur Correctur in der einen Recension führte; *uxsor fruge bona pudica* C. I. L. 1 n. 1072, *bona proba frugei* 1256 statt des gewöhnlichen *frugi*, bei Plautus *próbus est et frugi bonae*, aber auch schon *cúm frugi homínibus*. In den Gesetzen der Gracchenzeit ist *quoi is ager vetere prove vetere possessore datus* l. agr. Z. 17 für Dat. *veteri* eine einzelne leicht erklärbare Ausnahme; *emptori*] *pro curatoreve eius heredive reddito* dort Z. 69 eine syntaktische und nicht formale Anomalie. Einige Titel und Wendungen des alten Curialstils bewahrten das *e*, *ubei ioure deicundo praesse solent* in der l. repet. Z. 31, so noch bei Livius 42, 28, 6 *duae provinciae praetoriae iure Romae dicendo*, bei demselben 31, 13, 5 *solvendo aere alieno*, unter Domitian auf der Bronze von Malaga *qui iure dicundo praesit*, der Name der Münzmeister bei Cicero *IIIviri auro aere argento* nemlich *flando feriundo*. Die von der Urbanität verworfene Form gieng darum im Volk noch nicht unter; dies schreibt wie im 7n Jahrh. Dat. *Vrsio Pilemone* und *Iunio lictore* so über die Republik hinaus den Dativ gleich dem Ablativ, *coniuge* (Fabr. 267, 113) und anderes bei Struve p. 28. Der grosse Haufen sicherlich, wahrscheinlich auch Cicero

und Livius wusten nichts mehr von verschiedener Quantität des Dat.
aerē und Abl. *aerē*; ein Pentameter lautet I. R. N. 6057 *casta pudica
pudens coniugĕ cara suo*. Dagegen war es eine falsche Vorstellung Scaligers und Burmans (zu Properz p. 594) vom Lesepublicum der augusteischen Zeit, wenn sie diesem zumuteten in Versen wie *limine formosos
intulit illa pedes* oder *nec facies impar nobilitate fuit* Dative zu erkennen. Während der Ablativ im 6n Jahrh. schnell aus *patrid* durch *patrē*
in *patrĕ* übergieng und auch bei vielen *i*-Stämmen den langen Vocal mit
ĕ vertauschte, ohne dem diphthongisierenden *ei* irgend erheblichen Spielraum zu verstatten, fand im Dativ *ei* für *ē* sehr häufige und dauernde
Anwendung, *patrei Diovei voluptatei* wie die oskischen Dat. *paterei
Diúvei Herentatei*. Schon auf einem Stein des pisaurischen Hains *Apo-
lenei*, auf dem zweiten tit. Scip. 30 zu Anfang des 6n Jahrh. *forma virtutei parisuma*, bei Plautus z. B. *Persa* 624 *Lucridei* und öfter in handschriftlichen Corruptelen verborgen wie *Bacch*. 1060 *ut solvam militei
in militem*, auf den Inschriften besonders seit den Gracchen *iudicei leegei
fraudei Mavortei Felicitatei praeconei captionei uxorei maiorei operei
Iovei Hercolei* oder *Herculei* vorwiegend vor Formen wie *heredi parieti
praetori ccivi*. Darauf kann Lucilius eingewirkt haben, dessen Vorschrift
bei Quintilian 1, 7, 15 *mendaci Furique, addes e cum dare furei ius-
seris* ich so verstehe dass *mendaci* Gen. Sing. von *mendacium, mendacei*
Dat. Sing. zu *mendax* sein sollte; die Aenderung Lachmanns (zu Lucr.
p. 245), wonach umgekehrt einfaches *i* im Dativ dieser Worte befohlen
wäre, bedünkt mich im Hinblick auf die inschriftliche Praxis nach Lucilius
wenig glaublich. Noch die lex Iulia munic. schreibt *urbei heredei re-
demptorei*, obgleich die Grammatiker der cäsarischen Zeit diese Endung
in die Acht erklärt haben müssen. Seitdem herscht *i* allein, nur ein Plebejer konnte nach Properzens Tod *merentei* schreiben (Gori 1, 420, 274).
Interessant für die Beobachtung des Uebergangs sind C. I. L. 1 n. 638
Diovei Victore aus der zweiten Hälfte des 6n, 1110 *Q. Caecilius leibertus
Iunone Seispitei matri reginae* des 7n Jahrh. Soll die Schreibung *OpiI*
in den Fasti Vallenses vor dem J. 767 zum 25 Aug. das *i pingue* aus-
drücken? Wie jedes auslautende *i* so ward auch das des Dativs vom
Volk verkürzt, *inimica neminĭ vixit* (I. R. N. 3169), *pellici nascenti* u. a.

Die *u*-Stämme folgen den consonantischen, *senatuei* im SC. de Tiburti-
bus aus der Zeit des Bundesgenossenkriegs, meist *senatui*. Bei Plautus
öfters im Versende *despicátui, frustrátui, Epid*. 3, 4, 83 *pérdam potius
quam sinam me inpúne inrisum esse, habitum depeculátui, mei sic
data esse verba praesenti palam*, obwohl die Hss. *depeculatum eis sic*
geben, wie auch *glor*. 740 *sumptum* oder *sumtu* wo das Metrum die
contrahierte Form abweist. Varro und Nigidius billigten *senatui fluctui
domui* dem Gen. *domuis* entsprechend nach Gellius 4, 16, Sallust schreibt
scelerum ostentui esse und *signa ostentui credere*, unter Augustus das
elogium 29 *exercitui, domui* mehrere Inschriften z. B. eine lyoner bei
Boissieu p. 494 und für den Locativ *peregri potius quam domui suae
vita privatus* eine numidische Or. 7389. Neben dieser unter den Kaisern
gewöhnlichen Bildung steht eine andere in classischer Zeit noch üblichere,

senatū durch den gedehnten Stammesauslaut äusserlich den Dativen *Matuta Fide populo* ähnlich, aber durch Zusammenziehung der Vocale *ui* entstanden, wobei der dumpfere den helleren verschlang, wie umbrisch *trifo* älter *trifu* (lat. *tribu*). Plautus Pseud. 305 und 306 *cho an paénitet te quanto hic fuerit usui?* :: *nón est ussu quisquam amator nisi qui perpetuo datat*, Terenz *vestitu neglectu*, Lucilius *anu victu*, Lucrez *visu usu*, Sallust *luxu exercitu*, Vergil *metu concubitu aspectu* worin Priscian 7 § 88 Ablative, mithin lediglich dichterische Licenz sah. Cäsar bot *dominatu casu* dar und verordnete *de analogia* diese Endung, deren sich auch Augustus, Livius und Tacitus bedienten; noch auf späteren Inschriften *socru* (Gruter 895, 4) und *consessu deorum* (Neigebaur Dacien 126, 11). Ebenso bei den Neutra, z. B. *laevo cornu praerat* und *dextro cornu praepositus* bei Livius 42, 58 und zwar so regelmässig dass die nachhadrianischen Grammatiker dieselben als Monoptota auf *u* im Singular behandeln, doch Martianus bezeugt dass *genui* und *cornui* von anderen gebildet werde. Dass im Supinum auf *u* Dativ und Ablativ zusammengeflossen sind, zeigt schlagend Pl. Bacch. 62 *istaec lepida sunt memoratui*; seinem Ursprung nach wird *facile intellectu* gewis natürlicher auf den Dativ als auf den Ablativ zurückgeführt, aber die Alten verloren das lebendige Gefühl für die dativische Bedeutung, da in der ausgebildeten Sprache die vollere Dativform des Verbalsubstantivs höchst selten auftritt, *esui iucunda* gegenüber *formidulosa essu*, wie in manchen Constructionen jenes Supinum der Casusbegriff überhaupt verwischt ist. Wechsel der *o-* und *u-*Declination in *tertia spolia Ianui Quirino* aus Numas Gesetz bei Festus p. 187, wie *ab Ianu* Or. 6983 von dem *u-*Stamme der dem Monatsnamen *Ianuarius* zu Grunde liegt, und in *praestu* welches Cassiodorius p. 2290 den *antiqui* beilegt wie Or. 6097 *qui sacris publicis praestu sunt*; der Härte wegen ward *laurui* nicht gebraucht, aber *pinu* und *pino*.

Beim Personalpronomen *mihe* C. I. L. 1 n. 1049 wie umbr. *mehe*, *tibe* 33 wie umbr. *tefe*, *sibe* bei vielen, auch bei Livius, wie Quintilian 1, 7, 24 von Pedianus lernte, der *e* gewis kürzte. Die ursprüngliche Länge erhellt aus der häufigen Schreibung *mihei tibei sibei* (ausnahmsweise und rustik *seibi* n. 1223); schon bei Plautus schwankt nicht bloss die Quantität sondern wiegt die Verkürzung der Endung weitaus vor, sogar im Versschluss trin. 642 *tibi tui*. Die Länge wird in der Schrift auch bei veränderter Quantität noch fortgeführt, *dé decuma Victor tibeī Lucius Mummius donum* nach dem J. 608 und *ūt sibeī me esse creatum laétentur* nach dem J. 615. Die Mittelzeitigkeit in *mihī tibi sibi* ward durch die Kunstdichtung anerkannt. *mihei, mihi* wird zusammengezogen in *mei, mi*; von Plautus bis auf Cicero ist *mei* in Handschriften nicht selten; dass es einst noch öfter geschrieben war als heute, kann man aus Verschreibungen wie *mihi honoris* statt des Gen. *mei* im glor. 620 folgern; Nigidius trennte graphisch Gen. *mi* und Dat. *mei* (Gellius 13, 26). *mi* steht bei älteren Dichtern aller Art (Ritschl prol. trin. p. 291 und 347), in Horazens Satiren und im leichteren Stil wie in den Gesprächen bei Petronius, *mi et meis* I. R. N. 6410, auch zweimal Inschr. im bull.

dell' inst. arch. 1862 p. 82. Festus Notiz *me pro mihi dicebant antiqui, ut Ennius 'si quid me fuerit humanitus' et Lucilius 'quae res me impendet'* muss entweder syntaktisch verstanden werden, und solche Dummheiten sind im Geschmack des Nonius, oder wenn er eine aus *mihe* erwachsene Form meint, für schlecht bewiesen gelten. *michi* wie *nichil* u. a. schon auf Inschriften des 4n oder 5n Jahrh. nach Christus, z. B. in Maffeis mus. Veron. 312, 2. Es ist handgreiflich dass diese Pronominaldative *mihe tibe*, denen im Sanskrit *máhjam* und *túbhjam*, dorisch ἐμίν und homerisch τεΐν entsprechen, und *sibe* von Grundformen *mi ti si* mit demselben Suffix gebildet sind, welches in *ube* (I. R. N. 5607) *ubei* (meist auf den alten Inschr.) *ubi* (vgl *si-cubi ali-cubi*) und *ibi*, in *utroquibe* und *aliubi* locativisch verwandt ward; desgleichen im Umbrischen *pufe* und *ife* wie *tefe*. Auch hier geht die Mittelzeitigkeit durch, *néc remorantur ibī*, aber im Volksmund *ibĭ*, nur im Inlaut hielt sich die Länge des Suffixes, *ubīque* ohne Ausnahme und *ibīdem* seit Fixierung der Prosodie (Plautus trin. 412 *ibīdem una traho* und Bacch. 756 *átque ibīdem ubi nunc sunt lecti* nach Belieben). Die labiale Aspirata des Suffixes gieng bei der ersten Person in blosses *h* über, das keine Scheidewand zwischen zwei Vocalen bildet, bei der zweiten und dritten in *b*. Aber wer auf die Aussprache der letzteren Formen im 6n Jahrh. achtet, muss gestehen dass das Latein einst auf dem besten Wege gewesen ist auch hier den dichteren Anlaut des Suffixes durch den blossen Hauch zu ersetzen, italisches *tebhe* gewissermaassen in *tihe ti*, dem dorischen τίν gleich wie *mi* dem ἐμίν, zu verwandeln. Trotz der Schreibung *tibi* und *sibi* werden die Wörtchen im Altlateinischen ganz wie einsilbige behandelt: im Saturnier der Scipionengrabschrift 33 *quibus sei in longá licuiset tibe utiér vita*, die einzig natürliche Cäsur und Messung, sodass *tibe* gerade wie *mihe* mit dem folgenden langen Vocal zusammenfliesst, Pl. Bacch. 491 *sátin ut quem tu habeas fidélem tibi aut cui credas nescias*, Ter. hautont. 176 *núntió tibi hic ádfuturam*, meist allerdings bei den Scenikern nur noch vor einem nicht von Natur sondern durch Position gedehnten Vocal, Bacch. 887 *si tibi est machaéra*, glor. 570 *ignóscam tibi istuc.* :: *át tibi di faciant bene* (im Palimpsest *ti istuc* mit übergeschriebenem *bi*), 623 *cám pudet me tibi in senecta*, 888 *ca sibi inmortális memoriast meminisse et sempiterna*, trin. 709 *quid tibi intérpellatio aut*, merc. 971 *tibi ergo dicit*, Stich. 741 *si tibi ambo áccepti sumus*, Persa 394 *dabúntur dotis tibi inde sescenti logei*, Andr. 378 *sibi esse*, Phorm. 439 *dicám tibi inpingam*, 557 *ést tibi argénti*, zum Theil vor Silben deren Positionslosigkeit sonst unerweislich ist; danach kann man sogar glor. 686 die Ueberlieferung *quaé mihi numquam hoc dicat: eme, mi vir, lanam únde tibi pállium* in Schutz nehmen, so gern ich ihrer Holprigkeit abhülfe, nur nicht wie Ritschl durch Tilgung von *mi*. Auch dass gerade vor der Cäsur des trochäischen Tetrameters so häufig *tibi* angetroffen wird und noch in einem varronischen Vers *tu nón insanis quóm tibi vino corpus corrumpis mero* an einer Stelle wo dieser Dichter einen andern Pyrrhichius wohl nicht zugelassen hätte, erklärt sich aus der hergebrachten Verschleifung dieses Pronomens.

Die für alle Geschlechter gebrauchten Dat. *illi isti ipsi*, ferner *alteri neutri uni toti* usw., älter *alterei* in der l. repet. Z. 76, wohl aus *alteroi*, sind ihrer Bildung nach Locative wie *humi*; auch fungieren *illi* und *isti* als solche, indem beide Bedeutungen sich bisweilen sehr nahe berühren, wie Pl. *trin.* 530 *illi minus redit quam obseveris* 'auf dem Acker', *istic* und *illic* stehen als Dative glor. 1093 und *Men.* 304, regelmässig locativisch. *aliī* wird als Dativ abgesondert vom adverbialen *aliubi* (Grundform *alio*), zweisilbiges *alī* bei Lucrez 6, 1227 und *alei* in der l. Iulia munic. Z. 98 von *alibi* (Grundform *ali*), desgleichen *utri neutri* von *utrobi neutrubi*. Lucilius verlangte im Dat. Sing. *illi*, im Nom. Plur. *illei*. Die echte Dativbildung findet sich beim Masc. *illo isto ipso* nicht vor Appulejus, aber *nullo usui* bei Cäsar, *toto orbi* bei Properz, *huic neutro* empfohlen von Priscian 6 § 4, *alio nemini* I. R. N. 4641: beim Fem. *illae istae* bei Plautus und Cato, sodass handschriftliches *ille rei* (*Pseud.* 783) nicht aus *illi* verschrieben sein muss, *patronus emit sibi et illae et suis* C. I. L. 1 n. 1429, *mihi et ille vius posui* Or. 7383, *rei nulli aliae* Pl. glor. 802, *mihi solae* ebd. 356. 1019, Ter. *eun.* 1004, *alterae Phorm.* 928, *unae totae nullae* laut Zeugnis der Grammatiker oder wiederholter Schreibung der Hss. bei den besten Autoren. Beim Relativpronomen *quoiei* im tit. Scip. 34 (um das J. 600) und je einmal in der lex repet. (J. 631/2) und lex agr. (J. 643), in denselben Gesetzen meist und sonst immer auf republicanischen Inschr. *quoi*, in der l. agr. jedesmal *quoicique*, aber in der l. Iulia *quoique*; Quintilian 1, 7, 27 sagt *nunc 'cui' tribus litteris enotamus, in quo pueris nobis ad pinguem sane sonum q et u et o et i utebantur tantum ut ab illo 'qui' distingueretur*. Bereits bei den Scenikern des 6n Jahrh. ist die vollere Form nahezu ganz ausgeschlossen: nahezu, denn jenen Inschriften gegenüber ist die von Ritschl prol. trin. p. 171 aufgestellte Behauptung, *quoi* müsse bei Plautus überall einsilbig sein, ohne zwingenden Grund; und ich halte den Kritiker nicht für berechtigt einen Senar wie *trin.* 558 *si quem reperire possit cui os sublinat* abzuändern, es sei denn durch Umschreibung in die Form der Gracchenzeit *quoiei*; Einsilbigkeit bleibt seitdem Regel. In *quoiei* ist ähnlich wie im Gen. *quoius* der Stamm mit *i* vermehrt und daran das Dativsuffix der consonantischen Stämme angesetzt, *quoi* ist nach den Inschriften zu schliessen nicht älter als *quoiei*, und ich würde kein Bedenken tragen es für eine Contraction von diesem anzusehen, zumal da der nachmalige Umlaut in *cui* auf consonantische Natur des *i* deutet, wenn nicht bei der Auflösung in zwei Silben, schon im Hendecasyllabus Seneca's *Tro.* 852 (Neue Formenl. 2, 149), kurzes *i* einträte *cuī*, jedenfalls gegen die Analogie von *bovī ovī pecuī*. Einstweilen betrachte ich daher *quoi* als eine selbständige Bildung locativischen Ursprungs, der Dativ ward vom Locativ geschieden durch eine eigene Dativbildung *quoiei*, die sich bis zum 7n Jahrh. erhielt, durch die Umlautung des Locativs zu *quci* aber längst entbehrlich geworden war. Die Erklärung von *quoi* gilt auch für *hoi*, *hoice lecgei* im bantischen Gesetz Z. 26, *huic* schon in Cäsars Zeit C. I. L. 1 n. 1194, sicher früher als *cui*; ob Plautus noch eine vollere Casusform als *hoi* kennt, was Ritschl leugnet, ist deshalb schwer zu entscheiden,

weil ihm für das Affix eine doppelte Form, *ce* und bloss *c*, zu Gebote
stand, also in einem Septenar wie *Bacch.* 484 *mihi discipulus tibi sodalis
periit huic filius* nach allen Regeln der Kritik jetzt nur *hoice*, nicht etwa
hoicic hergestellt werden darf. Auflösung in zwei Silben bei Statius *laétus
huic dono* oder *falsus huic pennas*, plebejisch *quisquis huic tumulo*, aber
nirgends *huīc undas*. Das Affix fehlt auf vulgären Inschriften öfters, *hui
monimento* Gruter 890, 9, *hui si qui manus intulerit* Jahn spec. epigr.
28, 29, auch *uii titelo* für *hui* auf einer christlichen Inschrift; nach der
Ueberlieferung auch bei Terenz *hautont.* 481 f. *hui quántam fenstram
ad nequitiem patefeceris, tibi autem porro ut non sit suave vivere*, wo
freilich gewöhnlich *hui* als Interjection an das Ende des vorigen Verses
gestellt wird, obwohl der Gegensatz von *tibi* das Pronomen verlangt und
meiner Erinnerung nach kein Dichter des 6n Jahrh. anders als *fenestra*
oder *fenstra* gesagt hat. Endlich *ei* allzeit üblich, schon in der tab. Bant.,
einsilbig bei den Scenikern und Catull, während die nachfolgende Kunstdichtung dies Pronomen vermeidet und den Dativ fast nirgends hat, *eidem*
zweisilbig bei Manilius (Lachmann zu Lucr. p. 152). Wie *quoiei* neben
quoi, so *eiei* lediglich in der lex repet. aber in dieser siebenmal neben
zehn- oder elfmaligem *ei.* Auf diese erweiterte Form geht das spondeische
ei zurück, bei den Dramatikern sicher in etwa 20 Beispielen und noch
wiederholt aber nur im letzten Fuss bei Lucrez (Ritschl bonner Progr.
Herbst 1841 p. 10). Durch Verkürzung der ersten Silbe ward daraus
eei, im Senarschluss des Akrostichon zu Pl. *glor.* V. 11 *quándo ĕei* nach
der hsl. Corruptel *celi*, in der lex Rubria des J. 705 zweimal *iei*, iam-
bisches *ei* wie bei Ovid *halieut.* 34 ist höchst selten nachzuweisen.
In der l. Iulia munic. Z. 53 *quoius ante aedificium semita inloco erit, is
eam semitam eo aedificio perpetuo lapidibus perpetueis integreis con-
tinentem constratam recte habeto* wird wohl richtiger anomale Structur
als ein Dativ *eo* angenommen. Das Femininum *eae* scheint bei Cato wenigstens die Gewähr mittelalterlicher Ueberlieferung zu haben, beruht sonst
auf Vermutungen, die zu vermehren (z. B. *glor.* 1204 *donavique ĕae*)
nicht rathsam ist.

Locativ des Singularis.

Dieser Casus welcher das Wo bezeichnet, scheinbar auch das Wohin
in der elliptischen Wendung *quamquam domi cupio opperiar* Pl. *trin.* 841,
ward durch die Gleichförmigkeit mit andern Casus früh unkenntlich, sodass er dem Sprachgefühl der Alten ganz und dem Gebrauch grössten-
theils abhanden kam. Das Sanskrit braucht einfaches *i* für den Locativ,
das Griechische scheidet Loc. οἴκοι vom Dat. οἴκωι wie χαμαί von τιμῆι,
das Oskische gleichfalls bei den *o*-Stämmen Loc. *múinikei terei* (lat. *in com-
muni agro*) vom Dativ der *múinikúi terúi* lauten würde, während bei den
a-Stämmen Loc. *riai mefiai* (*in via media*) und Dat. *deivai* (*deae*) zusammenfallen. Das Oskische hat diesen Casus bei den gedachten Stämmen
ausgebildet, das Umbrische aber in allen Declinationen im Singular und
Plural durch die Aufnahme eigener Suffixe *mem* und *fem*, z. B. bei den

o-Stämmen Sing. *puplumem* Plur. *puplufem*. Das Latein steht dem Oskischen am nächsten. — Loc. *humoi*, zweisilbig von jeher und so verschieden vom dreisilbigen Dat. *humoi* mit gedehnten Vocalen, sank zu *hume* wie im Nom. Plur. *ploisumoi* zu *ploirume*, und weiter zu *humi*. Ueber den Wechsel von *e* und *i* in locativischen Verbindungen welche einen Zeitpunkt angeben spricht ausführlich Gellius 10, 24. Man sagte bis in die classische Periode *diequinte* und *diequinti*, Pomponius *diequarte*, Plautus, Cato, der Prätor in gewissen Formeln, ja Augustus *dieseptimi, noni, proxumi, crastini, pristini*, auch die adverbialen Composita *postridie pridie quotidie* gehören hierher, Plautus *Men*. 1157 verbindet *mane sane septimi* in der Ankündigung einer Auction gewis nach hergebrachter Formel, worin ich *sane* nur als Locativ verstehen kann, wie man sonst ablativisch *mane multo* oder *integro* sagte. Auch *praefiscine* und *praefiscini* scheinen Locativendungen wie im Griechischen ἀμισθεί ἀμαχί u. a. Den Mischlaut zwischen *e* und *i* bezeichnet *ei*, im Arvallied *semunis alternei advocapit conctos* kann man über die Geltung von *alternei* wie der Verbalform streiten, aber *Ladinei* auf einer Münze (C. I. L. 1 n. 24) jener Zeit wo der Genetiv bloss mit *i* geschrieben ward, ist Locativ, bei Plautus *Persa* 260 *die septimei*. Obgleich durch die Endung *i* Gen. und Loc. gleich wurden, zeigt sich noch die Verschiedenheit beider im 6n Jahrh. bei den *io*-Stämmen: denn ich halte es nicht für zufällig, dass die einzigen sicheren Ausnahmen von der Regel, dass der Gen. jener Stämme zu *i* zusammengezogen wird, in der Litteratur eigentliche Locative sind, bei Ennius *hedyph*. 4 *Brindisii sargus bonus est* und bei Terenz *eun*. 519 *rus Sunii ecquod habeam*, also Loc. *Suniei* Gen. *Suni*. Unterstützt wird diese Annahme durch die lange Dauer des *e* in den obigen Locativen; wer hätte in Sullas Zeit noch im Gen. *quinte* gekannt? Stets gebräuchlich blieb *domi* wie *humi*, die in den Hss. wiederholte Vertauschung mit dem Dativ, z. B. Cic. *de off*. 3 § 99 *esse domui suae* ward schon vorher mit einem inschriftlichen Beispiele belegt, mit abgestumpfter Endung *domī dolos domī delenifica facta domī fallacias* Pl. glor. 194. Ferner die Wendungen *belli domique* und *domi focique* und die Städtenamen wie *Tarenti Abydi Cypri* die regelmässig so flectiert werden ohne Präposition, wenn auch die älteren Autoren *Ephesi* und *in Epheso* ohne bemerklichen Unterschied wechseln liessen, der Name der Provinz *Aegypti* bei Valerius Maximus 4, 1, 15.

Beim *a*-Stamm Loc. *Romai* (C. I. L. 1 n. 54 *med Romai fecid*) zweisilbig, mithin vom Dativ verschieden, bis dieser auch der Contraction unterworfen und ebenfalls in *Romae* umgelautet ward. So die Städtenamen allzeit, *Aminulae Corcyrae*, bei Sallust *Iug*. 33 *Romae Numidiaeque facinora eius*; auch bei Cicero *de re p*. 3 § 14 *Graeciae sicut aput nos delubra humanis consecrata simulacris* ist die locativische Bedeutung unleugbar, diese Form für das gewöhnliche *in Graecia* durch die Neigung zu altertümlicher Färbung jener Schrift veranlasst. Bei Plautus *Bacch*. 205 *proximae viciniae habitat*, wo ich die Schreibung *proxime* nach der Hs. des Charisius p. 223, 11 für irrig erachte; Celsus verstand es richtig nicht als Gen. sondern *adverbialiter*, das heisst in unserer Terminologie als Loc. Ebenso ist *glor.* 273 *vidisse hic proxumae viciniae* und Ter. *Phorm.* 95 *vidi virginem hic viciniae* weder *proxume* zu billigen noch die Annahme eines partitiven Gen. notwendig, wie immer man über *Andr.* 70 urteilen möge. Für den Loc. fungiert wie so oft der Abl. *most.* 1062 *foris concrepuit proxima vicinia.* Terenz verbindet *ad.* 495 *militiae et domi,* Cicero *domi militiaeque.*

Das erwähnte *die* könnte man versucht sein aus einem Loc. *diei* herzuleiten, weil nach Gellius *dieͨquinte pro adverbio copulate dictum est secunda in eo syllaba correpta.* Aber da im Auslaut z. B. von *pridie* der Vocal lang, das lange *e* aber nicht aus dem monophthongischen *ei* des Locativs hervorgehen konnte, so liegt in jenem die Verwirrung mit andern Casus vor, wahrscheinlich mit dem Ablativ wie *hodie.* Desgleichen entbehren die *u*-Stämme eines eigenen Locativs, *qua noctu* ist Ablativ. Wo die consonantischen und *i*-Stämme durch einen blossen Casus local bezeichnet werden, sehen wir ī und *ē*: *Tibure* bei Horaz *epist.* 1, 8, 12 aber älter und üblicher *Tiburi, Acherunti Carthagini Sicyoni Lacedaemoni* bei Plautus und andern, *Caesar Hispali vicit* in den Maffeischen Fasten um das J. 750, *mani* als Locativ gebilligt von Sisenna bei Charisius p. 203, 27 und *mane, peregri* und *peregre; luuci* oder *luci* im bantischen Gesetz, dann in Verbindung mit einem Abl. oder einer Präposition *hoc lūcī* (Pl. *Amph.* 165), *cum luci simul* (*Stich.* 364), *cum primo luci* (Ter. *ad.* 841), ebenso *vesperi* oder *vespere* und *qui de vesperi vivat suo* (Pl. *glor.* 995); *rūrī most.* 799 und *ruri Phorm.* 363, *rure* Charisius aber *ruri* unser Text Ter. *ad.* 542, *rūri* Nonius aber *rure* die Hss. Pl. *trin.* 166, *uxor rūrest merc.* 760 und *rure morari Or.* 7404, *me rūrē futurum* Horaz; *tempori temperi* wo für *tempore* ein metrischer Beleg fehlt; von dem in *hes-ternus* χθές erhaltenen Stamm *heri,* dessen Länge z. B. aus dem Hiatus *héri advectus* (*merc.* 257) folgt, *herei* nach der Corruptel *hercle glor.* 59, *here Persa* 108; Quintilian 1, 4, 8 hörte in dem Wort weder *e* klar noch *i*; in der bei Livius 1, 26, 6 überlieferten Gesetzesformel *infelici arbori reste suspendito.* Nun können ja die *e-* und ein Theil der *i-*Formen ablativischen Ursprungs sein wie *terra marique* und wie der Verfasser der Duellius-Inschrift *rem navebos marid consol primos cesit* schrieb, aber darin dass die Ortsnamen welche den Abl. ausschliesslich auf *ē* bilden, regelmässig bei localer Bezeichnung auf *i* ausgehen, also mit dem Dativ zusammenfallen, liegt unverkennbar noch die Reminiscenz einer ehemals selbständigen Casusform. Ich fasse daher *manē* als echten Locativ eines *i*-Stammes, wo das Suffix *i* im gesteigerten Stammesauslaut aufgieng, und ebenso *rurē,* indem die consonantischen Grundformen in die *i*-Declination übertraten; daraus ward *mani* und *ruri* in regelrechter, beim Dativ dargestellter Entwicklung, anderntheils *mane* und *rure,* worauf der verwandte Gebrauch des Ablativs von besonderem Einfluss war. Es verdient auch Beachtung, dass der Infinitiv, vermutlich der Locativ erstarrter Verbalnomina, ebenso zwischen *i* und *e* schwankte in *fieri* und *fiere* wie *Tiburi* und *Tibure*; die alte Länge der Infinitivendung *generē* (Präsens *geno* gleich *gigno*) spürt man noch bei den Dramatikern des 6n Jahrh., *glor.* 848

numquam edepol vidi promere, *verum hoc erat*, wo die winzige Redepause an sich eine unzulängliche Entschuldigung der gedehnten Endsilbe wäre; *Stich.* 513 *quám me ad illum promitteré, nisi nollem ei advorsarier*; auch in der Terenzischen Betonung *Andr.* 23 *male dicere, malefacta ne noscant sua*; aber gerade diese Beispiele zeigen zugleich dass bereits die Kürze *generĕ* allgemein herschte.

Vom Pronomen *hic* ward ein Locativ gebildet nach Analogie der o-Stämme, *heic hic*, einmal noch mit vollem Affix *me heice situm* C. I. L. 1 n. 1049, ohne Affix *hi* auf einer christlichen Inschr. bei Boissieu 595, 55, auch die Schreibung *his situs est* Or. 5844 deutet auf vulgäre Aussprache der Art; ganz seltsam auf der alten Grabschrift des Protogenes C. I. L. 1 n. 1297 *suavei heicei situst mimus*, wo die Trennung in *heic ei* zu der bestimmten Interpunction des Steines nicht passt, die Interjection auch ungebührliches Pathos hineinträgt, sodass hier ausser dem Pronomen auch das Affix in den Locativ gesetzt scheint, während bei *eapse* und *ipsa* immer nur eins von beiden Gliedern declinirt wird. Vom Relativpronomen Loc. *quei qui*, in adverbialem Gebrauch bei Fragen *qui fit*, beim Ausruf *hercle qui ut tu praedicas cavendumst mi aps te*, in *atqui* und sonst, als Casus für den Abl. in *qui praesente* (Pl. *Bacch.* 335) und besonders häufig *quicum* für alle Genera, *quei ab eorum quei emit* l. agr. Z. 17; ebenso *cum quiquam* (*Bacch.* 17), *quique liceant veneant* (*Men.* 549), *ab aliqui* (*Epid.* 3, 1, 11); im SC. Bac. *neve pro magistratud neque virum neque mulierem quiquam fecise velet* und Pl. *glor.* 465 *qui aéque faciat confidenter quiquam quam quae mulieres* nicht für *quicquam* sondern 'in irgend einem Punkte', wie *truc.* 5, 30 *gaudere aliqui me volo*. Die andern pronominalen Locative wurden beim Dativ besprochen.

Die älteren Grammatiker, Sisenna des Plautus und Celsus des Terentius Interpret, betrachten die Locative schlechthin als Adverbia, und der erstere sagt *quaecumque nomina e littera ablativo singulari terminantur, i littera finita adverbia fiunt*, wie *luci* und *mani*. Für die Bildung solcher Adverbia werden dann die bekannten Regeln aufgestellt, *per genetivum cum ex primo et secundo ordine veniunt ut Romae Beryti domi, cum vero tertii ordinis sunt ablativo casu velut Carthagine*, von Charisius p. 188, 11, nach dessen Angabe die *recentiores*, vielleicht die Archaisten, *Carthagini per dativum* verlangten. Gellius oder mit Nonius p. 441 zu reden *prudentes quorum auctoritas in obscuro est* meinten, *die quarte* könne man von der Zukunft brauchen, aber von der Vergangenheit *die quarto*; *ruri* ward festgehalten in der Bedeutung 'auf dem Lande' und unterschieden von *rure* 'vom Lande', *peregre* soll nicht mehr als Adverb *in loco* sondern *e loco* und *in locum* dienen.

Dativ Ablativ Locativ des Pluralis.

Das Suffix des Dat. Abl. Plur. im Altindischen *bhjas* erscheint im Latein zu *bos* gesunken unter Ausdrängung des *j*, wie in *potos* das bei *potestas* zu Grunde liegt für *potjos potior*, wie in *minus* für *minjus*, also *navebos* im J. 494, dann *Tempestatebus* nach dem J. 500 auf dem tit. Scip. 32, von Grundformen *navi* und *tempestati* wo das helle *i* vor dem Suffix im 6n Jahrh. zur Geltung kommt, *Dectuninebus* in der tab. Gen. ist durch den fremden Namen *Dectunines* entschuldigt; die Volkssprache pflanzte die ältere Lautierung fort, z. B. *virginebus Vestalibus* (Jahn spec. epigr. p. 28, 29). Einstige Länge des Suffixes tritt nirgends mehr klar heraus, erlaubte aber dem Plautus noch Betonungen wie *grávida tegoribús onere uberi* (Pseud. 198), *in aédibús habitet* (most. 402), *cum digitis auribús oculis labris* (most. 1118), dergleichen bei Terenz nicht mehr vorkommen. Wie bei den *i*-Stämmen das Suffix einfach antritt in *ccivibus* oder *tribus*, so hätte auch bei consonantischen *vocbus doctorbus hominbus* gebildet werden müssen; abgesehen vom Umbrischen, wo die Dat. Plur. der consonantischen Declination sehr entstellt sind *fratrus* und *homonus* vielleicht aus *fratrfus* wie lat. *potui* aus *potfui*, das Latein selbst zeigt eine solche Bildungsweise in *bŏbus* und *būbus* aus *bovbus boubus*, bei Ausonius *epigr*. 62 *cúm bắbus* wie *bắbulcus*, während *boribus* nie in Gebrauch war; *sŭbus* bei Lucrez 6, 974 u. 977 erklärt sich aus unmittelbarer Anfügung von *bus* an den Stamm, *sŭbus* bei demselben 5, 969 und in Varros Eumeniden (*an colubrae an volvae de Albuci subus Athenis*) aus Contraction der ebenfalls zugelassenen Form *suibus*; im SC. Bac. Z. 6 *senatorbus* darf für ein Ueberbleibsel echt consonantischer Flexion gelten, obwohl im selben Document *senatoribus* zweimal und *mulieribus* folgt. Für gewöhnlich nemlich nehmen alle consonantischen Stämme in diesem Casus die *i*-Form an, *cordibus operibus nivibus* usw. Das *s* der Endung schwindet vor Consonanten bis gegen das J. 700, in einer daktylischen Monodie des Ennius *et fera velivolantibu naribu complebit manu litora*, bei Lucrez *ex omnibu rebus*, in der vorennianischen Metrik wohl auch vor Vocalen, im tit. Scip. 32 *dedét Témpestátebus aide méreto[d vótam*, wo aller Wahrscheinlichkeit nach mit *aide* die zweite Vershälfte begann, dann aber ein daktylischer Schluss der ersten unrhythmisch ist, bei Plautus *glor*. 1127 *nám exaedificavisset me ex his aédibus apsque te foret* mit unerträglichem Dactylus statt des Trochäus. Oder soll man an einsilbige Aussprache von *ibus* denken, wie sie für *tibi* feststeht, so dass das Latein vor dem Beginn der Litteratur die Bahn betreten, welche im oskischen Dat. Pl. auf *iss* durchmessen scheint? Solche Verschleifung trifft am ersten vielgebrauchte Wörter wie *omnibus* (Pl. *Men*. 984): die Hss. schreiben *Stich*. 684 *omnib* oder *omnibus modis* wo der Vers *ómnĭmodis* nötig macht; dieses Adverb entstand, wie die Analogien lehren, durch das Medium *omnis modis*. Hiermit hat der Wechsel von *is* und *ibus* bei verschiedener Grundform nichts gemein: Dat. *Thermensis* in der l. Antonia zum Gen. *Thermensorum* neben *Thermesium* wie umgekehrt *Odiatibus et Dectuninebus et Cavaturines et Mentorines* im genueser Schiedsspruch für *Dectunines*; *moeniis* und *iliis* von *io*- statt *i*-Stämmen, regelmässig *poematis epigrammatis aenigmatis*. — Die *u*-Stämme setzen *bus* an, *acubus specubus portubus*, schwächen aber meist den Vocal vor dem Suffix zu *i*, *manibus domibus*. Diese Form ist ausschliesslich angewandt bei den Verbalnomina *fluctibus fructibus questibus*, geht neben der *u*-Form regelmässig oder vorwiegend her in *lacibus genibus quinquatribus* und fast allen anderen, fehlt, wenn man überhaupt selten vorkommende Dative mit *u* nicht einrechnet, bloss bei *tribubus* und *arcubus*. Die Schreibung mit *u* oder *i* ist insofern unwesentlich, als sie nur den Mittelton der in diesen Wörtern gehört ward wie in *optumus optimus*, nach der einen oder andern Seite bestimmter ausprägt. In der hadrianischen Zeit klang der Ton mehr hell als dumpf, und Scaurus p. 2259 verwirft die von andern aufgestellte Unterscheidung zwischen *artibus* St. *art* und *artubus* St. *artu* mit der Bemerkung *vox scribenda quomodo et sonat, nemo autem tam insulse per u artubus dixerit*. Die späteren Grammatiker aber, ohne Verständnis für die lediglich orthoepische Natur dieser Frage, distinguieren scharf *artubus partubus arcubus* von *artibus partibus arcibus*, ja erfinderisch Pseudopalämon p. 1371 *hic victus ab hoc victu victubus facit: nam vitibus ab eo quod sunt vites*, weil seine Zeit wie *Vitorinus* (Or. 3527) u. a. so *vitus* für *victus* sprach und schrieb. Von den Grammatikern hängen unsere Texte ab; bei Horaz *epod*. 5, 5 steht *partubus* 'den Geburten' gegen die Regel aller Verbalia, *carm*. 3, 6, 22 schwankt die Schreibung zwischen *artibus* und *artubus*, je nachdem die Alten 'Künste' oder 'Glieder' verstanden. — Die ursprünglichen *a*-Stämme dehnen den Vocal vor dem Suffix, *duabus ambabus*. Diese Bildung erhielt sich nur zur Unterscheidung des weiblichen Geschlechts vom männlichen in *dis deabusque, filiis et filiabus, libertis et libertabus*, während sonst auch von Weibern *libertis* gesagt ward, wo der Zusammenhang vor Misverständnis und Zweideutigkeit schützte. Vor dem 6n Jahrh. hatte jene Bildung weit grösseren Umfang, *manibus dextrabus* bei Livius, *gnatabus* bei Plautus, *puellabus portabus oleabus, pro duabus pudicabus, ex raptabus, cum aliis paucabus* mit sonderbarer Altertümelei beim Historiker Gellius (Charisius p. 54, 13); Plebejer bilden *Nymphabus* auf Inschr. nach *deabus*, die kupferne Latinität *mimabus equabus animabus* nach *filiabus* und *libertabus*, auf den rheinischen Matronensteinen *matribus Gabiabus, matronis Vatriabus Afliabus Gavadiabus* u. dgl. so häufig, dass ich den Grund davon nur in der Aehnlichkeit altgallischer Formen suchen kann, daher sogar *matrabus* Or. 2091, was irgend einer zu *matris Eburnicis* latinisierte Or. 5935. Von *e*-Stämmen gehören nur *diebus* und *rebus* der lebendig schaffenden Sprache an, für *speciebus* der Verfallzeit behilft sich Cicero mit *formis, spebus* bei Ekklesiastikern lautet bei Varro *speribus*, die alten Juristen hätten den Digestentitel *de superficiebus* in *superficiis* corrigiert. Von *o*-Stämmen allein *duobus* und *ambobus*. Es ist keine organische Weiterbildung dieser Flexion sondern Vertauschung der Grundformen namentlich auf *o* mit *i*-Stämmen, wenn wir auf vulgären Inschriften treffen *viis semitibusque* (berliner Monatsber. 1857 p. 454), *dibus* und *diibus* für *dis* und *diis* ziemlich häufig, sodass diesen Metaplasmus auch Petronius *sat.* 44 seinem Bauer zueignet, *filibus* (vgl. Struve p. 15), *amicibus* Or. 4681, *sibi et suibus* I. R. N. 6417 und contrahiert *subus libertis* Fabr. 85, 155; ähnlich in der älteren Litteratur, *generibus* bei Attius (γαμβροῖς wie Dat. Sing. *generi* Nom. Pl. *generes* auf africanischen Inschriften, wie Dat. Sing. *socri tuo* bei Nävius) und bei Pomponius *atell*. 70 *quin bono animo es, video crepsti primiter de pannibus*. Die gewöhnliche Endung der *a*- und *o*-Stämme ist *īs* aus *ais* und *ois*, welche Diphthonge im Oskischen und Sabellischen bestehen blieben, osk. *Diumpais* und *ligatúis Núvlanúis*, sabell. *seffi inom suois cnatois* (*sibi et suis gnatis*), im Umbrischen gleichermaassen beide zu *ēs* sanken, *tekuries* jünger *dequrier* und *Treplanes* jünger *Treblaneir* oder *Treblanir*. Das Vorwalten und der umgestaltende Einfluss des *i*-Lautes in dieser Endung macht ihre Identität mit dem vorbesprochenen Suffix, die Entstehung von *silvais agrois* aus *silvabios agrobios* nicht recht glaublich; vielmehr wird man die italischen Formen gleich den griechischen ὕλαιc ἀγροῖc zu erklären haben, die bekanntlich aus ὕλαιcι ἀγροῖcι verkürzt sind und in denen das plurale Locativ-Suffix altindisch *su* wiedergefunden ist. Das locale Adverb *foris* 'vor der Thür' begünstigt diese Auffassung; schliessendes kurzes *i* fiel meist ab, griech. ἐcτί italisch *est*, altlat. *tremonti* dann *tremont*, *postid poste post* u. a.; das Zusammentreffen des Dat. Abl. Plur. nach Abrechnung des *s* mit dem Dat. Sing. *silvai agroi* wird niemanden zum Glauben an ein eigenes italisches Bildungsprincip verführen. Die älteste lateinische Form, Anfügung des Casussuffixes an den bloss gedehnten Stammvocal, bewahrt die Inschrift C. I. L. 1 n. 814 *devas Corniscas sacrum*, gefunden in der von Festus p. 64 bezeichneten Gegend *Corniscarum divarum locus erat trans Tiberim*; sie entspricht den altattischen Dativen und Locativen ταμίαcι ὥραcι Ὀλυμπίαcι. Ueblicher ward Vermehrung des Stammes durch *i*, gleichsam *devāis* wie griech. θεῆιcι für ursprüngliches θεᾱιcι, daraus durch Contraction zum Diphthong und dessen Trübung (griech. θεαῖcι θεῆcι) *deves*, erhalten in der Protogenes-Inschrift 1297 *plouruma que fecit populo soveis gaudia nuges*, seit dem 6n Jahrh. regelmässig *deiveis*. Ebenso die *o*-Stämme, für welche den alten Diphthong zwei Glossen des Festus nachweisen, *ab oloes* und *privicloes* (verschrieben *priviclio es*) wie ἐκείνοιc und ἑκάcτοιc; die Endung *es* ist nur in den fremden Namen *Cavaturines et Mentovines* der tab. Gen., die sonst *invitis* und *invitcis* schreibt; bei diesen Stämmen scheint schneller als bei denen auf *a* der Diphthong zum einfachen Vocal geschmolzen, nach der Verstümmelung in plautinischen Anapästen zu schliessen, *trin*. 822 *bonīs mīs quid foret* (einsilbiges *mieis* im tit. Scip. 38, ähnlich *soveis*, *sis* und *tis* für *tvis*), *Bacch*. 1095 *dolīs doctis*, *Pseud*. 174 *virīs cūm summis*, in den Verbindungen *multis modis* und *miris modis* wie bei den Dramatikern durchweg überliefert ist statt *multīmodis* und *mirīmodis* (*trin*. 931, *Bacch*. 385, *Persa* 706, *Andr*. 939), wozu Cicero *orat*. § 153, wohl aus Nävius und Ennius, *tectī fractis* und *vas' argenteis* oder *palm' et crinibus* beizufügen wuste. Dem that die daktylische Verskunst Einhalt, die Länge der Endung bleibt Gesetz und wird seit dem 7n Jahrh. regelmässig durch *eis* ausgedrückt. Von *a*- und *o*-Stämmen in zahllosen Beispielen *vicis tableis noncis scribeis incoleis controvorsieis infereis leibereis liberteis loceis conciliabolceis sublegundeis crasseis aesculnieis comitieis moinicipieis meeis* (Hübners Index p. 604); in diesem Casus allein bieten noch die augusteischen Urkunden, das Monument von Ancyra, die Triumphalfasten, die Leichenrede der Murdia, den sonst ausgemerzten Mischlaut *ei*, das erstere vom J. 767 in *Dalmáteis, quadrigeis, emeriteis stipendis* neben dem weit häufigeren *is* (Mommsen p. 146). Auch in den Hss. ist *eis* nicht selten, im Ambrosianus des Plautus z. B. merc. 479 *tueis ingraticis*, in den Medicei von Ciceros Briefen *ludeis Marseis lateis*, dann wieder bei Fronto *caerimonicis roteis* u. a., mitunter corrumpiert wie *taleis* Pl. glor. 165 in *taliis*. Durch das Schwanken zwischen *is* und *eis* scheint entstanden *Lumphieis* gleich Νύμφαις C. I. L. 1 n. 1238 um das J. 700, *sacricis* nach dem J. 732 bei Ritschl P. L. M. Taf. 77 H, der *ingenuiIs* von einer plebejischen Inschrift C. I. L. 1 n. 1492 dazu stellt, zweimal *sibi et suieis* n. 1042 und 1460. Geht *i* der Endung *is* vorher, so kann es durch Contraction in der Endung aufgehen, im mon. Ancyr. *provincis* (die in solchen Fällen häufige Verlängerung des *i* über die Zeile ist das gewöhnliche Zeichen prosodischer Länge) und *colonis* (für *coloniis*) neben *manibiis, municipis* und *municipiis, consiliis iudiciis* aber *auspicis stipendis collaticis*, im elogium 34 *proelis* neben *copiis*, 29 *victoris*, Maffei mus. Veron. 221, 4 *iurgis*, in der Kaiserzeit auf ganz correcten Urkunden wie überaus oft in unseren Hss. Ebenso verschlingt *eis* bis auf Augustus das vorhergehende *i*, *coloneis* wiederholt in der l. Iulia munic. vom Nom. Sing. *colonia* wie anderswo vom Nom. Sing. *colonus, oficeis* C. I. L. 1 n. 1050, auch *Salluveis* in den Triumphalacten p. 460 neben *Bruttieis Messapieis* wie in den Hss. Nom. Plur. *Salluvi* oder *Salui* Gen. *Salluviorum* Acc. *Salluvios*. Aber auf späteren Inschriften *macereis* (Fabr. 223, 595) oder *osteis* (Gori 1, 58, 140), im Digestencodex *dolcis* für *doliis* sind nicht aus Contraction sondern aus vulgärer Assimilation wie *ascea* für *ascia* abzuleiten. Die Litteratur nahm die zusammengezogene Form an in *deis* oder *dis* (*ab deis* in A, *a dis* in BCD Plaut. Stich. 296, *dis* mon. Ancyr. 1, 26 und etwas früher C. I. L. 1 n. 639 für älteres *deis* n. 1241, zu metrischem Bedarf auch zweisilbiges *deis* oder *diis*); Plautus erlaubt sie sich von *deis* und *meis* abgesehen lediglich in Anapästen, in Canticis wie Bacch. 1206 *filis fecere insidias*, trin. 1116 *voluptátibu gaudisque antepotens*, 242 *nam qui amat quod amat quom éxtemplo savis sagitatis pércussust* (was für den einen Recensor doch ein gar zu absonderlicher Versbau war); *gratiis* und *ingratiis* stets drei- und viersilbig bei den Scenikern, während Lucrez und spätere die Contraction der damaligen Umgangssprache adoptierten; dass Ennius *nonis Iunis* geschrieben habe ann. 167, ist völlig unglaublich, eher noch *Iuneieis*. Vergil hat einmal *taenis*, Seneca dann *supplicis* und *exilis*, Martial *denaris* wiederholt und selbst beim Adjectiv *Vipsanis columnis* (Lachmann zu Lucr. p. 279); nach der Seltenheit solcher unantastbarer Beweise muss *filis* und ähnliches bei Schriftstellern vor dem 8n Jahrh. für unzulässig, bei späteren immerhin für bedenklich gelten.

Beide Suffixe fungieren locativisch, indem die Dativbildung der einzelnen Grundformen hierfür maassgebend ist: *Italici quei Argeis negotiantur* und *Athenis* von o- und a-Stämmen wie *foris, Sardibus* vom *i*-Stamm etwa wie singularisch *ibe*.

Beim persönlichen Pronomen, wo die verwandten Sprachen das Dativsuffix des Singulars anwenden (ἡμῖν ὑμῖν wie ἐμίν), vermehrt das Latein die Endung des Singulars *bei*, *bi* mit dem Pluralzeichen *s*. Der Stamm *nos vos* büsst sein *s* vor dem Suffix ein wie in *vopte*, der Vocal wird gedehnt. *nobeis*, wie herzustellen ist in dem verlorenen SC. de Tiburt. *nosque ea ita audiveramus ut vos deixsistis nobeis nontiata esse, vobeis* in demselben und schon im SC. Bac., dann *nobis* und *vobis*, ohne dass die Endung wie in *tibi* je geschwächt ward. Festus sagt *calim dicebant antiqui pro clam, ut nis pro nobis, sam pro suam, im pro eum*; ist diese Form echt, und das übrige gibt keinen Anlass zur Verdächtigung, so gieng sie vermutlich aus *nŏbis* hervor durch einen ähnlichen Process wie *mihi* und *tibi* einsilbig wurden. Für das Reflexivum dient *sibi* auch im Plural. — Vom Pronominalstamm *i* Masc. Neutr. *ibus* von Plautus bis auf Lucrez, erst mit langem *i*, z. B. *glor.* 74 *latrones ibus dinumerem stipendium*, dann mit kurzem, z. B. Lucr. 2, 88 *neque quicquam a tergo ĭbus obstet* (Lachmann zu Lucr. p. 262); Fem. *eabus* bei Cato und Hemina. Gewöhnlich nach den *a*- und *o*-Stämmen: *eieis* das heisst mit langer Stammsilbe noch zweimal im SC. Tiburt. (das eine Mal las Visconti freilich *ieis*), daher wahrscheinlich auch Plautus *Men.* 972 *quid ēis preti detur* schreiben konnte, aber schwerlich ausser den Canticis, daraus verkürzt *ecis* schon im SC. Bac., häufig bis in die augusteische Zeit (elog. 32) *ieis*, welchen Formen der in unseren Hss. *eis* oder *iis* geschriebene Iambus an einigen Stellen des Plautus entspricht, am üblichsten die Contraction *cis* einsilbig wie regelmässig bei den Scenikern, stets bei Lucrez, ob man *eis* schrieb oder wie einmal inschriftlich in der l. repet., öfter in Hss. *is*; erst unter Augustus *iis* aus *ieis*, durchweg mit *i longa* geschrieben, im mon. Ancyr., im elog. 29, in Verrius Fasten zum 2 Januar und 1 April. Ebenso meist in zwei Silben *eisdem* oder *isdem*, selten in drei: *dat ĕisdem* bei Juvenal, *in iisdem diebus* l. Iulia munic. Z. 5, nachdem Z. 3 *isdem diebus* vorhergieng. Vom Pronominalstamm *sa* in Ciceros Gesetzestafel *de leg.* 2 § 21 *sisque adparento*. Die Form *hibus* ist für Plautus *Curc.* 506 bezeugt als Masc. *parissumi estis hibus* mit langem *i*, auch von Varro anerkannt, gewöhnlich *his*, in der l. repet. Z. 8 *de heisce*. Beim Relativum *quĭbus* auch für das Femininum, daneben *quis* noch in Priscians Zeit, in unsern Texten wiederholt *queis* geschrieben auch nach Augustus; die älteren Inschriften geben diese Form, welche Festus dem Nom. Plur. *qui* vergleicht wie *quibus* dem Nom. Plur. *ques*, nirgends, aber eine britannische Or. 5863 *ex quis muneribus*; desgleichen ist bei den alten Scenikern die kürzere Form höchst selten überliefert (z. B. *most.* 1040), obgleich sie für den Vers an hundert Stellen weit bequemer wäre, wie *Bacch.* 1081 *quibus video*, 584 *quibuscum habéres rem*, Ter. *ad.* 822 *ēx quibus*, wo Bentley *quibus ex* ohne Not corrigierte; auch in Prosa trifft man *quis* und *aliquis* neben *quibus* und *aliquibus*. Bei den übrigen Pronomina *olleis* aus altem *oloes* und *olaes*, *illeis illis*, *alieis aliis*; Formen auf *bus* wie *illibus ipsibus* sollen einst häufig gewesen sein (Sergius zu Donat p. 545, 13 und 548, 1 K.).

Nachtrag zu S. 9.

Die im Griechischen und zum Theil im Oskischen erhaltene Bildung des Nom. Sing. männlicher *a*-Stämme mit *s* wie *Numas* ist handschriftlich noch nachweisbar aus dem Gesetz Numas bei Paulus Festi p. 221: *si quis hominem liberum morti sciens d. m. duit, paricidas esto.* Auch 'hosticapas' *hostium captor* bei Paulus p. 102 unter Glossen welche auf die zwölf Tafeln und sacrale Urkunden gehen wie 'hortus' *omnis villa*, 'horctum' *pro bono*, 'horda' *unde hordicidia*, darf nicht in *hosticapax*, braucht nicht in *hosticapus* oder *hosticapa* geändert zu werden (vgl. Ribbeck com. praef. p. XII).

Inhaltsverzeichnis.

	Seite
Vorbemerkungen (Stämme, Numeri, Casus, Genera)	1
Nominativ des Singularis	5
Nominativ des Pluralis	15
Vocativ	20
Accusativ des Singularis	21
Accusativ des Pluralis	26
Genetiv des Singularis	30
Genetiv des Pluralis	40
Ablativ des Singularis	46
Dativ des Singularis	53
Locativ des Singularis	60
Dativ Ablativ Locativ des Pluralis	63